L'avant-sc

BIMENSUEL - 15 FÉVRIER

CW01670182

Lunes de miel

de Noël Coward

Adaptation d'Éric-Emmanuel Schmitt

Mise en scène de Bernard Murat

Eliot et Amanda se sont aimés passionnément, si passionnément qu'ils ont divorcé cinq ans auparavant. Chacun a refait sa vie et vient de se remarier. Or, pendant leur lune de miel, lors de la première nuit, Eliot et Amanda découvrent qu'ils séjournent dans le même hôtel. Ils tombent dans les bras l'un de l'autre, abandonnant leurs nouveaux partenaires – mais leur deuxième lune de miel vire à l'affrontement...

L'avant-scène théâtre

6, rue Gît-le-Cœur
75006 PARIS
Tél. : 01 46 34 28 20
Fax : 01 43 54 50 14
ASTHEATRE@aol.com
Rédaction : 01 53 63 88 73

Photo de couverture : © Pascalito
Impression : Imprimerie des Deux-Ponts - Eybens
Commission paritaire 58693
ISSN 0045 1169 - ISBN 2-900130-64-6
Dépôt légal : février 2004

Cet ouvrage a été réalisé grâce au concours de la SACD.

SACD
Société des auteurs et compositeurs dramatiques
PARIS/BRUXELLES/MONTRÉAL

Miel ou fiel

LE MARIAGE est une curieuse conjugaison. Il commence par « Je t'aime, tu m'aimes » et continue parfois par « nous nous haïssons, ils se battent ».

Le mariage devient alors une furieuse conjugaison. Les querelles des couples nourrissent les comédies depuis la nuit d'avant le Théâtre, puisqu'on raconte que les dieux eux-mêmes avaient des scènes de ménage. Zeus-Jupiter se disputait avec Héra-Junon, et la belle Aphrodite-Vénus avec son très affreux Héphaïstos-Vulcain... Jamais de lune de miel, mais des flots de fiel.

Plus tard à l'aube du Théâtre français, le pauvre Jacquinot de la farce du *Cuvier* filait doux devant son épouse, avant de la dominer. Car à la fin des comédies, il est entendu que tout rentre dans l'ordre « naturel », que les épouses sont soumises, les trompeurs trompés, et la morale sauve. On oublie les insultes, on se tend la main, on tombe dans les bras l'un de l'autre, on se réconcilie, on se pardonne.

Cependant, il s'en faut d'un rien pour que la situation ne vire au tragique. Et *Les Boulingrin* de Courteline peuvent sombrer dans *La Danse de mort* de Strindberg. Mais pas chez Noël Coward ! Tout s'inscrit dans un milieu élégant où hommes et femmes n'ont d'autre besoin matériel que de boire, — café au lait le matin, thé l'après-midi, et le soir, champagne, cocktails ou whisky, — d'aller à la campagne, en week-end, en voyages de noces, sans aucun souci financier, sans aucune contrainte professionnelle. Somptueux égoïstes, ils ont le loisir comme seule occupation. Leurs conflits explosent à l'intérieur d'une bulle dorée qui n'éclate jamais. Ces héros protégés et protecteurs, prospères et profiteurs, les plus grands comédiens veulent les interpréter. Et les comédies de Noël Coward ont fait le tour du monde.

Private Lives ne déroge pas à la règle. Devenue *Lunes de miel*, voici la nouvelle version qu'Éric-Emmanuel Schmitt a écrite pour Pierre Arditi et Évelyne Bouix, un vrai couple à la scène comme à la ville, mais sans fiel.

À propos de sa *vis comica* Jean Poiret disait : « Ce que nous faisons n'est pas sérieux... mais il faut le faire sérieusement. » C'est à quoi s'attache Bernard Murat, leur metteur en scène.

Danielle DUMAS

Le Théâtre Edouard VII
Bernard Murat Jean-Louis Livi
présentent

Lunes de miel

(Private Life)

de Noël Coward

Adaptation de Éric-Emmanuel Schmitt

Mise en scène de Bernard Murat

avec

Eliot **Pierre Arditi**
Amanda **Évelyne Bouix**
Sibylle **Sonia Vollereaux**
Victor **Franck Mercadal**
Louise **Sophie Mayer**

Décor : Nicolas Sire
Musique originale : Benjamin Murat
Costumes : Bernadette Villard
Lumières : Laurent Castaingt

Illustration sonore Francine Ferrer
Assistantes à la mise en scène Dorota Cohen, Léa Moussy

Les photos de la pièce sont de Brigitte Enguerand

Attaché de presse : Dominique Larmoyer

SIBYLLE (Sonia Vollereaux) **:** Toi et moi, mariés depuis ce matin.
ELIOT (Pierre Arditi) **:** Nous voilà dans de beaux draps.

AMANDA (Évelyne Bouix) **:** Jouer cet air, quelle charmante intention.

AMANDA : Oh mon amour, ne dis plus rien sinon je vais pleurer.

ELIOT : Etes vous prise pour cette danse ?

AMANDA : *(chantant)* Peut être n'est ce qu'un frisson, ou bien la vraie passion.

Sibylle : Ca suffit, espèce de goujat.

Personnage

Amanda
Eliot
Sibylle
Victor
Louise

Acte I

La terrasse d'un hôtel à Cannes, fermée par une balustrade de pierres à l'avant. Divisée par une petite rangée d'arbustes dans des bacs, elle donne sur de hautes portes-fenêtres qui conduisent à deux suites séparées.
Nous sommes un soir d'été. Un orchestre joue non loin une musique langoureuse. Sibylle ouvre la porte-fenêtre de droite et sort sur la terrasse. Elle va jusqu'à la balustrade et contemple la vue avec extase.

SIBYLLE : Oh ! Viens ! Viens vite, s'il te plaît. C'est tellement beau.
ELIOT : *(de l'intérieur)* J'arrive.
Eliot passe la porte, mince, de l'allure. Il va droit à la balustrade et regarde le point de vue.
SIBYLLE : Alors ?
ELIOT : Pas mal.
SIBYLLE : Regarde, ces vagues, les reflets de la lune, l'horizon immense, les…
ELIOT : *(comme pour l'aider)* Je crois qu'on appelle ça la mer. D'après mes cartes et mes calculs, il pourrait même s'agir de la Méditerranée.
SIBYLLE : Eliot, je suis si heureuse !
ELIOT : Vraiment ?
SIBYLLE : Pas toi ?
ELIOT : Naturellement.
SIBYLLE : Vraiment heureux ? Totalement heureux ?
ELIOT : Heureux d'une façon encyclopédique.

SIBYLLE : Tu te rends compte : toi et moi, ici, ce soir, à Cannes, mariés depuis ce matin !

ELIOT : Nous voilà dans de beaux draps !

SIBYLLE : Pas d'ironie, Eliot ! Je ne te laisserai pas marquer du dédain pour notre lune de miel sous prétexte que, pour toi, il s'agit de la seconde.

ELIOT : Tu es gentille de me rappeler la première.

SIBYLLE : Oh, pardon !

ELIOT : Si, si, le moment est bien choisi : me fourrer sous le nez mon premier mariage qui a fini par un divorce le soir où j'entame mon second, ça m'encourage.

SIBYLLE : Pardon ! Pardon ! Je suis sotte, je t'ai fait de la peine. *(Elle tend son visage vers lui.)* Embrasse-moi.

ELIOT : Où ?

Après lui avoir fait croire qu'il allait la baiser sur le front, il l'embrasse sur la bouche, rapidement.

SIBYLLE : Mm… c'est court.

Il recommence plus longuement.

SIBYLLE : Mm… c'est mieux.

ELIOT : Ne t'en fais pas, je vais encore m'améliorer : je viens de signer pour ça.

SIBYLLE : Un troisième, je suis superstitieuse.

Celui-ci est un vrai baiser de jeunes mariés.

ELIOT : Tu es à croquer.

SIBYLLE : Es-tu content que je sois ta femme ?

ELIOT : Quelle question !

SIBYLLE : *(insistant)* Es-tu content que je sois ta femme ?

ELIOT : Est-ce qu'il est frais votre poisson ? Est-ce qu'elle est bonne votre entrecôte ? As-tu jamais vu quelqu'un répondre sincèrement à ces questions ?

SIBYLLE : Es-tu content que je sois ta femme ?

ELIOT : Très content ! Sur le pic du contentement ! À la crête du sommet de l'Himalaya du contentement !

SIBYLLE : *(avec extase)* Ah, tu es content…

ELIOT : Nous devrions nous habiller pour le restaurant, non ?

SIBYLLE : Plus content qu'avant ?

ELIOT : Tu rabâches, mon trésor.

SIBYLLE : Plus content qu'avant ?

ELIOT : Qu'avant quoi, ma chérie ?

SIBYLLE : Plus content qu'à ton premier mariage ?

ELIOT : Sibylle, explique-moi : tu te maries ou tu fais un concours de mariés ?

SIBYLLE : Je ne peux pas m'empêcher de faire des comparaisons.

ELIOT : Moi, si.

SIBYLLE : Elle était jolie, pourtant, Amanda.

ELIOT : Très jolie.

SIBYLLE : Plus jolie que moi ?

ELIOT : Nettement.

SIBYLLE : Eliot !

ELIOT : Élégante, fine. Les mains longues et lisses, au nombre de deux. Les jambes lisses et longues, au nombre de deux également, deux jambes sur lesquelles elle dansait comme un ange. Au fait, ma chérie, tu danses comme un sac de plâtre.

SIBYLLE : Est-ce qu'elle jouait du piano aussi bien que moi ?

ELIOT : Elle ne le touchait même pas.

SIBYLLE : *(triomphante)* Ah ! Et avait-elle mon don du rangement ?

ELIOT : Non. Mais elle n'avait pas non plus ta mère comme belle-mère.

SIBYLLE : Je crois que tu n'aimes pas beaucoup maman.

ELIOT : Tu me sous-estimes : je ne peux pas la supporter.

SIBYLLE : Eliot ! Elle est très gentille, en dessous.

ELIOT : Je ne suis jamais allé en dessous.

SIBYLLE : Ça me peine de penser que tu n'aimes pas ma mère.

ELIOT : Je ne te crois pas une seconde : tu t'es mariée pour lui échapper.

SIBYLLE : Non ! Je me suis mariée parce que je t'aime.

ELIOT : Nous voilà dans de beaux draps !

SIBYLLE : Je t'aime beaucoup plus qu'Amanda ne t'a jamais aimé. Et je ne te rendrai jamais aussi malheureux qu'elle.

ELIOT : Chacun a rendu l'autre malheureux.

SIBYLLE : C'est de sa faute, je sais que c'est elle la coupable.

ELIOT : *(avec véhémence)* Tu as raison. Tout est de sa faute ! De sa faute à elle et à personne d'autre !

SIBYLLE : Elle a été bien bête de te perdre.

ELIOT : Chacun de nous a perdu l'autre.

SIBYLLE : Elle t'a lassé à cause de son mauvais caractère et de ses scènes constantes.

ELIOT : Si tu arrêtais de parler d'Amanda ?

SIBYLLE : Au fond, je suis ravie qu'elle n'ait pas pu contrôler son mauvais fond et s'empêcher d'être infidèle, sinon nous ne serions pas ici ce soir.

ELIOT : Elle n'était pas infidèle.

SIBYLLE : Ah oui ? Moi je parie qu'elle l'était, infidèle, qu'elle l'était même toutes les cinq minutes.

ELIOT : Amanda n'était ni assez concentrée ni assez organisée pour faire quoi que ce soit toutes les cinq minutes.

SIBYLLE : *(avec angoisse)* Tu la détestes, maintenant, au moins ?

ELIOT : Non, je la méprise.

SIBYLLE : Très bien, c'est pire.

ELIOT : Et je la plains.

SIBYLLE : Pourquoi ?

ELIOT : Parce qu'elle est condamnée à la tragédie, elle ne rate pas une occasion de se rendre malheureuse.

SIBYLLE : Puisque tout est de sa faute, tant pis pour elle ! Pourquoi s'apitoyer ?

ELIOT : Elle n'est pas dépourvue de qualités.

SIBYLLE : Vu l'enfer qu'elle t'a fait vivre, je te trouve plutôt indulgent. D'autres hommes voudraient se venger.

ELIOT : À quoi bon ? C'est de l'histoire ancienne, maintenant. De l'histoire antique, même.

SIBYLLE : Cinq ans, ce n'est pas très long.

ELIOT : *(spontané)* Si, c'est long.

SIBYLLE : Pourrais-tu l'aimer encore ?

ELIOT : Sibylle, ça suffit.

SIBYLLE : Pourrais-tu ?

ELIOT : Non. Désormais, c'est toi que j'aime.

SIBYLLE : Certes, mais tu m'aimes différemment, je le sais.

ELIOT : Oui, avec plus de sagesse et plus de précision.

SIBYLLE : C'est-à-dire ?

ELIOT : En connaissant tes défauts.

SIBYLLE : Tant mieux. Je préfère ce genre d'amour.

ELIOT : Tu as raison. Le véritable amour doit être tempéré, bienveillant, sans histoires. Quelque chose de douillet, paisible, confortable, qui ne nous arrache pas les nerfs et évite de nous épuiser. C'est cet amour que je veux et que j'ai toujours voulu. J'espère, ma chérie, que tu ne vas pas t'ennuyer avec moi.

SIBYLLE : Eliot, tu es fou ! Comme si tu pouvais être ennuyeux…

ELIOT : Je suis beaucoup plus vieux que toi.

SIBYLLE : Pas tant que ça.

ELIOT : Ah ? Je croyais.

Sibylle se blottit contre lui.

SIBYLLE : L'orchestre s'est arrêté et l'on entend la mer.

ELIOT : C'est toujours elle qui gagne, elle a beaucoup plus de souffle. Demain, nous irons nous baigner.

SIBYLLE : Je dois faire attention à ne pas bronzer.

ELIOT : Pourquoi ?

SIBYLLE : J'ai horreur des femmes qui arborent des rayures blanches et brunes lorsqu'elles se déshabillent. Je ne veux pas devenir l'une d'elles.

ELIOT : Et un homme qui arbore des rayures rouges et blanches, est-ce que tu supportes ?

SIBYLLE : Rouges et blanches ?

ELIOT : Je ne bronze pas, je cuis. Dans deux jours, je ressemblerai à un cœur d'aloyau. Zébré.

SIBYLLE : *(amoureusement)* Chez l'homme, je trouve ça très convenable.

ELIOT : Tu es une petite créature on ne peut plus féminine.

SIBYLLE : J'aime qu'un homme soit un homme.

ELIOT : As-tu aussi l'intention de me mener par le bout du nez sans que je m'en rende compte ?

SIBYLLE : *(se rétractant légèrement)* Tu n'es pas gentil.

ELIOT : Excuse-moi. Quand la féminité apparaît, j'ai un réflexe de peur, j'imagine qu'une bestiole dangereuse, reptilienne, dissimulée derrière le plus joli sourire, me guette, m'observe et analyse le moindre de mes actes pour pouvoir me dévorer.

SIBYLLE : Qu'est-ce qui se passe ? Tu as faim ?

ELIOT : Pas du tout.

SIBYLLE : Alors pourquoi cette agressivité ? Que je sois femme ne signifie pas que je suis rusée ou manipulatrice.

ELIOT : *(de mauvaise foi)* J'ai dit cela ?

SIBYLLE : Je déteste ces femmes à moitié masculines qui parlent très fort.

ELIOT : Je déteste quiconque parle très fort.

SIBYLLE : Tu as besoin d'un peu de féminité calme après Amanda.

ELIOT : Pourquoi parles-tu encore d'elle ?

SIBYLLE : C'est normal, non ?

ELIOT : Non !

SIBYLLE : Pourquoi as-tu accepté un divorce où tu prenais tous les torts ?

ELIOT : Elle a demandé le divorce pour cruauté mentale et flagrant délit d'adultère. J'avais passé un week-end à Brighton avec une certaine Vera Williams qui possédait le peigne le plus sale que j'aie jamais rencontré.

SIBYLLE : Pourquoi toi ?

ELIOT : Pour rester gentleman.

SIBYLLE : Amanda s'en est tirée à bon compte. Pourquoi est-ce…

ELIOT : Une fois pour toutes, cesse de me parler d'Amanda.

SIBYLLE : Oui, mon chéri, oui.

ELIOT : Je souhaite ne plus jamais la voir ni entendre son nom.

SIBYLLE : Bien, chéri.

ELIOT : Compris ?

SIBYLLE : Compris. Où avez-vous passé votre lune de miel ?

ELIOT : *(épuisé)* À Megève.

SIBYLLE : Je déteste Megève.

ELIOT : Et moi donc !

SIBYLLE : Elle skiait bien ?

ELIOT : Veux-tu dîner en bas ou au Casino ?

SIBYLLE : Je t'aime, toi. Je t'aime. Je t'aime.

SIBYLLE : Nous voilà dans de beaux draps ! Allons nous préparer.

SIBYLLE : D'abord un baiser.

ELIOT : *(l'embrassant)* Casino ?

SIBYLLE : Pourquoi pas ? Es-tu joueur ?

ELIOT : À l'occasion.

SIBYLLE : Je me placerai derrière ta chaise et je me concentrerai pour t'envoyer de la chance.

ELIOT : Ce sera irrésistible : nous allons tout ramasser.

Ils retournent dans leur suite.

Un temps.

Victor sort de la suite de gauche, bel homme de trente-cinq ans, séduisant, vêtu d'un costume de voyage. Il contemple la mer.

VICTOR : *(appelant)* Mon canard.

AMANDA : *(de l'intérieur)* Oui ?

VICTOR : Viens voir, la vue est magnifique. Amanda !

AMANDA : Je sors de mon bain, une seconde.

Victor allume une cigarette.

Amanda apparaît, exquise, visage heureux, silhouette parfaite. Elle porte avec élégance un déshabillé de soie.

AMANDA : Je vais attraper froid, voilà ce que je vais gagner.

VICTOR : *(la contemplant)* Nom de Dieu !

AMANDA : Pardon ?

VICTOR : Tu es sublime !

AMANDA : Merci.

VICTOR : On dirait une star faisant de la publicité.

AMANDA : Pour un produit très cher et très inutile, j'espère ?

VICTOR : Je peux à peine y croire. Toi et moi, ici, ensemble, mariés !

AMANDA : *(le visage contre l'épaule de son mari)* Qu'est-ce qu'elle est rêche, cette veste !

VICTOR : Tu ne l'aimes pas ?

AMANDA : Il n'y a pas que la consistance, il y a la couleur, aussi.

VICTOR : Tu ne l'aimes pas ?

AMANDA : Il va falloir que tu changes de femme ou de tailleur, au choix.

VICTOR : Et moi, est-ce que tu m'aimes ?

AMANDA : Bien sûr. C'est même pour cela que je suis ici, si ma mémoire est bonne.

VICTOR : Tu m'aimes plus que…

AMANDA : Ttt…ttt… Terrain glissant.

VICTOR : Tant pis, je veux savoir : est-ce que tu m'aimes plus qu'Eliot ?

AMANDA : C'est si loin…

VICTOR : Pas tant que ça.

AMANDA : C'était dans une autre vie.

VICTOR : Je lui casserai la gueule avec plaisir.

AMANDA : *(riant)* Pourquoi ?

VICTOR : Pour t'avoir rendue malheureuse !

AMANDA : J'y ai mis du mien, aussi.

VICTOR : Alors ! Tout est de sa faute, tu le sais bien.

AMANDA : Oui, tout est de sa faute ; je le comprends maintenant.

VICTOR : Quel salopard !

AMANDA : Ne te mets pas dans cet état, voyons.

VICTOR : Jamais je ne te traiterai comme lui.

AMANDA : Bonne idée.

VICTOR : Je t'aime beaucoup trop.

AMANDA : Lui aussi m'aimait beaucoup trop.

VICTOR : Tu parles d'une façon d'aimer ! Il t'a frappée, que je sache ?

AMANDA : Plus d'une fois.

VICTOR : Où ?

AMANDA : À Paris, à Londres, à Biarritz.

VICTOR : Non ! Où t'a-t-il frappée ?

AMANDA : Un peu partout aussi.

VICTOR : L'ordure !

AMANDA : Remarque, moi aussi, je l'ai frappé. Un jour, je lui ai cassé quatre disques de la Callas sur la tête. J'y ai pris beaucoup de plaisir.

VICTOR : Ah oui ?

AMANDA : Oui, je n'aimais pas sa voix.

VICTOR : À qui ?

AMANDA : À la Callas, bien sûr. Eliot l'idolâtrait.

VICTOR : Il a dû te rendre folle ?

AMANDA : Oui, folle. Mais n'en parlons pas. Ce n'est pas le sujet le plus approprié à notre lune de miel.

VICTOR : Il n'a jamais réalisé sa chance.

AMANDA : Regarde ce grand yacht illuminé ! À qui peut-il appartenir ?

VICTOR : Nous irons nous baigner demain.

AMANDA : Oui, je tiens à devenir acajou.

VICTOR : Amanda !

AMANDA : Quoi ?

VICTOR : Je n'aime pas les femmes bronzées.

AMANDA : Pourquoi ?

VICTOR : Eh bien… ce n'est pas… ce n'est pas très chic.

AMANDA : C'est très chic sur moi, chéri, tu verras.

VICTOR : En es-tu certaine ?

AMANDA : Rien ne m'arrêtera. Si tu es sage, je te donnerai peut-être le droit de me passer de l'huile sur le corps.

VICTOR : Ah ?

AMANDA : J'en ai trois bouteilles.

VICTOR : Tu as déjà le plus beau teint du monde.

AMANDA : Tu parles sans savoir. Quand tu me verras en version chocolat, tu voudras me manger.

VICTOR : Je ne pourrai pas t'aimer plus que ce soir.

AMANDA : Tu me déçois. Moi qui pensais que notre lune de miel serait progressive. Croissant, quart de lune, demi-lune, pleine lune !

VICTOR : Où as-tu passé la première ?

AMANDA : *(le grondant)* Victor !

VICTOR : Je veux savoir.

AMANDA : Megève. Ça nous avait attirés.

VICTOR : Je déteste Megève.

AMANDA : Moins que moi.

VICTOR : Il t'a immédiatement cherché des poux ?

AMANDA : Dès le premier jour. J'ai d'abord mis ça sur le compte de l'altitude.

VICTOR : Tu étais amoureuse de lui ?

AMANDA : Très.

VICTOR : Pauvre petite chérie !

AMANDA : Que dis-tu ?

VICTOR : Pauvre petite chérie !

AMANDA : Évite ce ton mélodramatique avec moi, Victor, ou alors engage un orchestre de cinquante violons pour que ça ait vraiment de la gueule.

Elle se détourne et veut rentrer.

VICTOR : *(blessé)* Amanda !

AMANDA : Je n'aime pas ta façon de parler de moi.

VICTOR : Mais en quoi ?

AMANDA : « Pauvre petite chérie » !

VICTOR : Ce n'est qu'une expression.

AMANDA : Alors choisis mieux tes expressions. J'ai beaucoup souffert, j'ai eu le cœur brisé mais je n'ai jamais été une pauvre petite fille innocente. J'étais une femme sophistiquée, complexe et clairvoyante. J'en savais trop. Tout mon problème venait même de là, d'ailleurs, je lisais en lui comme en un livre ouvert.

VICTOR : Ça ne me gênerait pas que tu lises en moi comme en un livre ouvert.

AMANDA : Tu es mignon ! *(Elle l'embrasse.)* Mais je lis en toi. *(Mélancolique.)* Est-ce que tu auras assez de pages ?

VICTOR : *(sans comprendre)* Je vais te rendre heureuse…

AMANDA : Oui ?

VICTOR : Oui ! Rien qu'en prenant soin de toi, en m'assurant que tu vas bien, toujours, du matin au soir. Tu vois ?

AMANDA : *(songeuse)* Non.

VICTOR : Par exemple, je ne te ferai jamais de reproches.

AMANDA : Il ne manquerait plus que ça. *(Elle sourit.)* Tu pourrais faire ça ?

VICTOR : Oui.

AMANDA : Moi, j'en serai incapable.

VICTOR : D'ailleurs, pour te le prouver je commence maintenant : je voulais te dire que j'ai déjà oublié ce que j'ai appris ce matin et que tu m'avais caché.

AMANDA : De quoi parles-tu ?

VICTOR : Tu ne vois pas ?

AMANDA : Non.

VICTOR : À la mairie ?

AMANDA : Non.

VICTOR : Ton âge.

AMANDA : Pardon ?

VICTOR : Si j'ai bien entendu, tu as cinq ans de plus que moi.

AMANDA : C'est impossible.

VICTOR : C'est pourtant ce qu'a dit le maire.

AMANDA : Il s'est trompé.

VICTOR : C'est ce qui est écrit sur tes papiers d'identité.

AMANDA : On s'est trompé.

VICTOR : L'acte de naissance, c'est ce que ton père a déclaré à l'employé de la mairie.

AMANDA : Mon père n'avait aucun sens des chiffres.

VICTOR : Tout de même...

AMANDA : Aucun sens des chiffres, je te dis ! La preuve ? Il était banquier.

VICTOR : De là à se tromper de cinq ans le jour de la naissance de sa fille unique.

AMANDA : Eh bien ? Il se trompait bien de maison pour rentrer chez lui. Il sonnait toujours au vingt au lieu du dix.

VICTOR : C'est difficile à croire.

AMANDA : Tu crois que je mens ?

VICTOR : Euh...

AMANDA : Victor, c'est très important : crois-tu que je mente ?

VICTOR : Je pense que tu es de bonne foi mais que...

AMANDA : Mais que je mens ? Voilà, le monde entier conspire à me tromper depuis... des années et l'on croit que c'est moi qui mens. Pourtant, tu imagines bien que je m'en souviens du jour de ma naissance. C'était comme toi en 19...

VICTOR : *(l'interrompant et pris d'une inspiration soudaine)* Amanda, je te crois et je ne crois que toi !

AMANDA : Ah !

VICTOR : Tout le monde se trompe sauf toi !

AMANDA : Ah, tu es bien d'accord. Merci Victor. De toute façon, il était totalement invraisemblable que j'aie l'âge qu'on m'a prêté ce matin. Impossible !

VICTOR : *(avec amour)* Impossible !

VICTOR : Je crois que tu m'aimes d'une façon très différente d'Eliot.

AMANDA : Lâche-moi avec Eliot !

VICTOR : C'est vrai ou ce n'est pas vrai ?

AMANDA : Je t'aime d'une façon plus sereine, si c'est ce que tu veux me faire dire.

VICTOR : Et d'une façon plus durable.

AMANDA : On va faire son possible.

VICTOR : Tu te souviens de notre rencontre.

AMANDA : Avec précision ?

VICTOR : La soirée chez Marion Vale ?

AMANDA : Oui.

VICTOR : C'était merveilleux.

AMANDA : Merveilleux ? Non, chéri, c'était à périr. Je n'ai été sauvée de l'ennui que parce que j'avais le hoquet.

VICTOR : Je n'ai même pas remarqué que tu avais le hoquet.

AMANDA : Le coup de foudre !

VICTOR : Où as-tu rencontré Eliot ?

AMANDA : Fiche-moi la paix avec Eliot !

VICTOR : Amanda !

AMANDA : Je t'interdis de re-prononcer son nom. Rien que ce prénom me rend malade. Tu prends une mauvaise route, Victor : nous voilà en pleine nuit de noces, les étoiles nous sourient, la musique monte, la mer joue son rôle de mer, et tout ce que tu trouves comme sujet de conversation, c'est mon premier mari. Veux-tu tout gâcher ?

VICTOR : Ne te mets pas en colère.

AMANDA : Tu m'ennuies à la fin.

VICTOR : Pardonne-moi. Amanda, s'il te plaît, pardonne-moi.

AMANDA : D'accord. Mais ne recommence pas.

VICTOR : Promis.

AMANDA : Maintenant, file sous la douche et habille-toi pour le dîner.

VICTOR : Veux-tu souper en bas ou au Casino ?

AMANDA : En bas, c'est sinistre. Au Casino.

VICTOR : D'accord. Et nous jouerons ensuite aux machines à sous.

AMANDA : Non, Victor, sûrement pas.

VICTOR : Tu n'aimes pas les machines à sous ?

AMANDA : Je déteste les machines à sous. Nous jouerons au chemin de fer.

VICTOR : Au chemin de fer ? À la grande table ?

AMANDA : Je veux, oui.

VICTOR : Es-tu une joueuse invétérée ?

AMANDA : Je suis une fichue joueuse, une droguée du tapis vert. Le hasard régit entièrement mon existence.

VICTOR : Allons ! Tu dis n'importe quoi !

AMANDA : N'importe quoi ? Je t'ai rencontré par hasard. Je suis tombée amoureuse par hasard. Nous avons débarqué dans cet hôtel par hasard. Tout ce qui arrive, arrive par hasard.

VICTOR : Tu sais, plus je te connais de près, plus tu m'effraies.

AMANDA : Si c'est vrai, ce que tu me dis là, ça te promet de belles frayeurs pour cette nuit…

VICTOR : Tu es différente, ce soir, plus sauvage que je ne pensais, plus nerveuse.

AMANDA : Plus sauvage ? Oh Victor, je ne me suis jamais sentie moins sauvage de mon existence. Nerveuse, je ne le nie pas, mais tu ne peux pas attendre autre chose d'une jeune mariée. Pendant une lune de miel, on s'amuse beaucoup moins qu'on le prétend.

VICTOR : Tu dis ça parce que ta première lune de miel a été épouvantable.

AMANDA : C'est reparti !

VICTOR : Elle t'a sans doute laissé de l'amertume.

AMANDA : Écoute…

VICTOR : Mais je te ferai oublier tout ça.

AMANDA : Tu n'en prends pas le chemin.

VICTOR : Si seulement je te connaissais mieux.

AMANDA : Tu ne gagneras rien à me connaître. Pour m'adorer convenablement, je te conseille même de renoncer à toute enquête trop précise. Rien n'embellit les femmes comme le silence. Une épouse mystérieuse est toujours mieux aimée.

VICTOR : Et l'homme ? Est-il autorisé à garder des zones obscures ?

AMANDA : Absolument pas. Il doit être transparent comme une vitre.

VICTOR : Je vois…

AMANDA : Voilà comment l'amour fonctionne. Chez les gens normaux, en tout cas.

VICTOR : Oh mais, rassure-toi, je suis normal et fier de l'être.

AMANDA : Comme c'est étrange d'être fier de ça !

VICTOR : Pas toi ?

AMANDA : Je ne suis pas persuadée d'être normale.

VICTOR : Oh, mon poussin, bien sûr que tu es normale, tout ce qu'il y a de plus normale.

AMANDA : Non, non. Normale, je crains de ne l'être que très superficiellement.

VICTOR : Mais si, tu es normale.

AMANDA : Mais non.

VICTOR : Mais si.

AMANDA : Allons ! Si tu veux dire par là que je n'ai pas une passion exclusive pour les pygmées unijambistes ou les cravates tricotées à pois rose, alors oui, je suis normale. Mais en dehors de ça, je ne me contrôle pas assez, je me redoute, je me surprends trop.

VICTOR : Moi, je ne me suis jamais surpris.

AMANDA : *(attendrie)* Mon petit Victor…

VICTOR : Si, une fois. Lorsque j'ai eu le courage de te dire que je t'aimais. Là, je me suis trouvé héroïque.

AMANDA : Pourquoi suis-je si impressionnante ?

VICTOR : Si belle ! Si élégante ! Si fine ! Si spirituelle ! J'avais l'impression d'être un singe qu'on avait emmené au Louvre.

AMANDA : Mon chéri… *(Revenant au sujet.)* Sache que je ne suis pas persuadée d'être tout à fait saine d'esprit. D'ailleurs, très peu de gens sont tout à fait normaux, si on examine plus intimement leurs vies.

VICTOR : Tu n'es pas aussi bizarre que tu le crois.

AMANDA : Je ne pense pas être particulièrement bizarre mais j'estime qu'on ne peut pas me faire confiance.

VICTOR : Arrête ! Pourquoi tu dis ça ?

AMANDA : J'ai tendance à ne pas voir les choses comme tout le monde. Ce qui se fait, ce qui ne se fait pas. Je n'ai aucune moralité, en tout cas, pas la moralité usuelle.

VICTOR : *(tendrement)* Chéri, tu me fais fondre…

AMANDA : Merci, Victor, d'être compréhensif. Mais tu devrais aller fondre dans ton bain, et avec un savon, après ce long voyage.

VICTOR : Un baiser.

AMANDA : *(après l'avoir chassé)* Voilà, maintenant dépêche-toi. Moi, je n'ai qu'à me glisser dans une robe et je suis prête.

VICTOR : Donne-moi dix minutes.

AMANDA : Nous prendrons un cocktail sur la terrasse.

VICTOR : Parfait.

AMANDA : Allez, on se presse !

Ils disparaissent tous les deux dans leur suite.

Un temps.

Eliot sort avec précaution sur la terrasse, portant un plateau où sont posés deux verres de cocktail. Il le dépose sur la table.

Eliot : Sibylle !

Sibylle : *(de l'intérieur)* Oui ?

Eliot : Dépêche-toi, les cocktails sont servis.

Sibylle : Je ne trouve plus mon rouge à lèvres.

Eliot : Laisse tomber, je vais te mordre très violemment à la place.

Sibylle : Ne dis pas de bêtises.

Eliot : Viens vite.

Eliot va jusqu'à la balustrade, contemple la vue, regarde la lune, soupire puis s'assied sur une chaise, le dos à la rangée d'arbustes, en s'allumant une cigarette. Amanda, en robe du soir, sort sur la terrasse, portant avec précaution un plateau sur lequel se trouvent deux cocktails qu'elle dépose sur la table. Elle s'assied dos à Eliot, sort un petit miroir de son sac à main et étudie son visage. L'orchestre, au rez-de-chaussée, attaque une nouvelle mélodie différente. Aux premières notes, Amanda et Eliot sursautent. Après quelques mesures, Eliot commence à fredonner la romance. Lorsque qu'elle l'entend chanter, Amanda se met à suffoquer. Elle se lève sans bruit et épie par-dessus la rangée d'arbustes. Eliot, dos à elle, continue à chanter. Elle se rassied, se détend avec un geste de résignation. Nerveuse, elle jette un regard vers la fenêtre, par-dessus son épaule, au cas où Victor écouterait. Rassurée, elle a un petit sourire, elle reprend la mélodie. Eliot s'arrête net, se lève d'un bond et se retourne. Elle continue à chanter, faisant comme s'il n'était pas là. À la fin de la chanson, elle se retourne lentement et lui fait face.

Amanda : Jouer cet air, quelle charmante intention, non ?

Eliot : *(à voix basse)* Qu'est-ce que tu fais ici ?

Amanda : Ma lune de miel.

Eliot : Moi aussi.

Amanda : Nous arrivons à l'instant.

Eliot : Nous aussi. Nom de Dieu de nom de Dieu de nom de Dieu !

Amanda : Oui, il y a des coïncidences dont on se passerait aisément.

Eliot : Tu es heureuse ?

Amanda : Très.

Eliot : Bon. Tout va bien, alors ?

Amanda : Tout va bien. Et toi ?

Eliot : En pleine extase.

AMANDA : Bon. Tout va bien, alors ?

ELIOT : Tout va bien. Tout va bien ?

AMANDA : Tout va bien.

Les deux pensent l'inverse.

AMANDA : À plus tard, peut-être.

ELIOT : À plus tard.

Amanda retourne dans sa suite avec raideur et précipitation.

Victor demeure immobile, une expression horrifiée sur le visage.

Sibylle sort sur la terrasse, très pimpante, dans une jolie robe de soirée.

SIBYLLE : Mon cocktail. *(Eliot ne réagit pas.)* Eliot, qu'est-ce qui se passe ?

ELIOT : Je ne me sens pas bien.

SIBYLLE : Tu es malade ?

ELIOT : Malade, oui.

SIBYLLE : *(effrayée)* Où as-tu mal ?

ELIOT : Nous devons partir immédiatement.

SIBYLLE : Partir ?

ELIOT : Oui, ma chérie, partir immédiatement.

SIBYLLE : Mais, mon chéri…

ELIOT : J'ai un mauvais pressentiment.

SIBYLLE : Allons, qu'est-ce que tu racontes ?

ELIOT : Écoute, Sibylle, je vais te demander de faire preuve de beaucoup de compréhension : j'ai la conviction absolue que notre bonheur futur dépend d'un départ immédiat.

SIBYLLE : Pourquoi ?

ELIOT : Je ne peux pas te le dire.

SIBYLLE : Nous venons juste d'arriver.

ELIOT : Je le sais, mais je n'y peux rien.

SIBYLLE : Que se passe-t-il ? Que s'est-il passé ?

ELIOT : Rien. Absolument rien.

SIBYLLE : Tu perds la tête.

ELIOT : Pas encore, mais je la perdrai si nous restons une heure de plus.

SIBYLLE : Tu as trop bu, Eliot.

ELIOT : Je n'ai rien bu.

SIBYLLE : Tu es ivre.

ELIOT : Où en aurais-je trouvé le temps ?

SIBYLLE : Descendons dîner, mon chéri, et tu te sentiras mieux après.

ELIOT : Ne me traite pas comme un enfant, je suis sérieux et l'heure est grave.

SIBYLLE : Enfin, sois raisonnable. Nous venons juste d'arriver, de défaire nos bagages pour passer notre première nuit ensemble.

ELIOT : Nous passerons notre première nuit à Paris.

SIBYLLE : Nous n'arriverons pas avant l'aube.

ELIOT : *(faisant des efforts surhumains pour se calmer)* S'il te plaît, Sibylle, je sais que tu me prends pour un fou mais crois-moi, je suis doté d'un sixième sens. Médium. Voyant. Clairvoyant. Je pressens un désastre imminent.

SIBYLLE : *(ferme)* C'est une crise d'hystérie.

ELIOT : Ne jamais prendre des pressentiments pour de l'hystérie ! Tiens, regarde la femme qui a annulé son voyage à bord du *Titanic* ! Hystérique ? C'est ce qu'on a dit d'abord. Pressentiment ? C'est ce qu'on dit après. Mais elle, elle le savait, elle a bravé le mépris de tous ses proches et elle est redescendue de la passerelle. Tel est le destin des Cassandres ! Tel est le destin des êtres intuitifs : moqués, raillés, ridiculisés, parce que l'histoire leur donne toujours raison trop tard. Tout ce que je te demande, c'est de suivre mon instinct.

SIBYLLE : Tu veux dire qu'il va y avoir un tremblement de terre ou quelque chose comme ça ?

ELIOT : Une secousse très violente.

SIBYLLE : Il n'y a pas de tremblements de terre en France.

ELIOT : Ah oui ? Et comment se sont faits les Alpes, les Vosges, les Pyrénées et le Massif central ?

SIBYLLE : C'était il y a longtemps.

ELIOT : Tu pinailles. Je pressens une violente explosion, ici, dans cet hôtel.

SIBYLLE : Pourquoi y aurait-il des explosifs dans cet hôtel ?

ELIOT : Pourquoi ? Pourquoi ? Qu'est-ce que j'en sais, moi ? En tout cas, il y en a !

SIBYLLE : Eliot, mon chéri…

ELIOT : Ma petite Sibylle, sois gentille. Écoute-moi. Suis-moi. Je t'en supplie. Pour notre bien à tous les deux.

SIBYLLE : Je ne comprends pas. Je te trouve cruel, méchant.

ELIOT : Non, au contraire, je ne pense qu'à nous. Je nous sauve. S'il te plaît, quittons cet endroit.

SIBYLLE : Mais j'adore cet endroit.

ELIOT : Il y a des milliers d'endroits beaucoup plus agréables.

SIBYLLE : Pourquoi n'y sommes-nous pas allés directement ?

ELIOT : Écoute Sibylle, tu…

SIBYLLE : Mais pourquoi ? Pourquoi ?

ELIOT : Ne me demande pas pourquoi. Dis oui. Rien que oui. C'est la dernière fois que je te demande quoi que ce soit comme cela.

SIBYLLE : *(fermée)* Hors de question que je parte ce soir. Je suis fatiguée, j'ai suffisamment voyagé !

ELIOT : Tu es têtue comme une bourrique !

SIBYLLE : Oh, c'est agréable de s'entendre dire ça le premier soir !

ELIOT : *(en colère)* Madame ne reviendra pas sur sa décision, c'est ça ?

SIBYLLE : Exactement.

ELIOT : S'il y a une chose au monde que je ne supporte pas, c'est l'entêtement borné ! J'ai envie de t'aplatir la tête à coups de planche.

SIBYLLE : Comment oses-tu me parler comme ça ? Le soir de notre mariage.

ELIOT : Mariage ? Ça, pour un mariage à la con, c'est un mariage à la con !

SIBYLLE : *(éclatant en sanglots)* Oh… Eliot… Eliot…

ELIOT : Ah ! Et ne couine pas, en plus ! Viens-tu à Paris avec moi, oui ou non ?

SIBYLLE : Je n'ai jamais été aussi malheureuse. Tu es un monstre, un monstre de méchanceté, une brute ! Maman m'avait prévenue. Elle se méfiait de tes sourcils trop épais et trop noirs.

ELIOT : Mes sourcils trop épais et trop noirs ? Elle sait de quoi elle parle, elle en a un troisième, bien fourré, sous le nez.

SIBYLLE : Tu exagères, ce n'est qu'un léger duvet !

ELIOT : Léger ? Faudrait le peser…

SIBYLLE : Tu ne m'aimes pas du tout. Je voudrais mourir.

ELIOT : Viens-tu à Paris, oui ou non ?

SIBYLLE : Non et non et non !

ELIOT : *(rentrant à l'intérieur)* Nom de Dieu de nom de Dieu de nom de Dieu !

Sibylle le suit en geignant.

SIBYLLE : Oh, Eliot, Eliot, mon chéri…

Ils sont entrés dans leur suite.

Victor sort de la sienne en vociférant contre Amanda qui le suit.

VICTOR : Tu avais raison lorsque tu doutais d'être normale : tu es complètement cinglée.

AMANDA : Pas du tout. Je te demande une petite faveur, guère plus.

VICTOR : Tu appelles ça une petite faveur ?

AMANDA : Si nous partons tout de suite, nous serons à Paris dans quelques heures.

VICTOR : Et si nous prenons un bateau ce soir, nous pouvons traverser la Méditerranée puis l'Atlantique et nous retrouver dans trois semaines à New York. Seulement, je ne vois aucune raison de le faire !

AMANDA : Oh, Victor… Victor, mon chéri, s'il te plaît, sois raisonnable, juste pour me faire plaisir.

VICTOR : Raisonnable !

AMANDA : Oui. Si nous restons ici, je vais être malheureuse. Tu ne souhaites tout de même pas me rendre malheureuse pendant ma lune de miel, si ?

VICTOR : Mais comment est-il possible que tu n'aies pas pensé plus tôt à l'accident qui est arrivé à ta sœur.

AMANDA : J'avais oublié.

VICTOR : On n'oublie pas une tragédie pareille.

AMANDA : J'ai confondu les lieux. Nice, Cannes, Monaco… C'est seulement en voyant le Casino au clair de lune que tout m'est revenu.

VICTOR : Quand est-ce arrivé ?

AMANDA : Il y a des années mais c'est comme si c'était hier. Elle était là, en dessous, gisante, inerte, les bras écartés sur le tapis de jeu, une expression de terreur sur le visage. Ensuite, toutes ces horribles démarches, la morgue, les fiches administratives, le choix du cercueil, le retour du corps en Angleterre, une horreur…

VICTOR : Tu ne m'avais jamais dit que tu avais une sœur.

AMANDA : Parce que je n'en ai plus.

VICTOR : Il y a quelque chose d'autre là, derrière.

AMANDA : Ne sois pas bête. Qu'y aurait-il derrière ?

VICTOR : Je sens que tu mens.

AMANDA : Victor !

VICTOR : Sois honnête. Tu mens.

AMANDA : Comment peut-on être aussi petitement soupçonneux ?

VICTOR : *(patient)* Tu mens, Amanda. Tu mens, avoue.

AMANDA : Oui, Victor.

VICTOR : Tu n'as jamais eu de sœur morte d'une crise cardiaque sur un tapis vert parce qu'elle était trop heureuse d'avoir fait sauter la banque. D'ailleurs, tu n'as jamais eu de sœur, ni vivante ni morte.

AMANDA : Si, je crois que ma mère avait fait une fausse couche avant ma naissance.

VICTOR : Pourquoi inventes-tu cette histoire ?

AMANDA : Je t'avais prévenu : on ne peut pas me faire confiance.

VICTOR : Pourquoi veux-tu partir ?

AMANDA : Si je te dis la vérité, tu vas te mettre en colère.

VICTOR : Vas-y !

AMANDA : Je t'aurai prévenu.

VICTOR : Vas-y !

AMANDA : Attention.

VICTOR : Dis-moi la vérité, s'il te plaît.

AMANDA : Eliot est ici.

VICTOR : Quoi !

AMANDA : Je l'ai vu.

VICTOR : Quand ?

AMANDA : Tout à l'heure, quand tu prenais ta douche.

VICTOR : Où ?

AMANDA : *(avec hésitation)* En bas, là, avec un costume blanc.

Elle désigne l'entrée de l'hôtel au-dessus de la terrasse.

VICTOR : *(sceptique)* En costume blanc.

AMANDA : Pourquoi pas ? C'est l'été que je sache.

VICTOR : Tu mens encore.

AMANDA : Non. Je te jure qu'il est là.

VICTOR : Et alors ? Quelle importance ?

AMANDA : Je ne pourrai pas profiter de ma lune de miel avec toi si je sais qu'Eliot est dans les parages.

VICTOR : Allons, ma chérie, tu plaisantes.

AMANDA : Tu ne comprends pas ? Mais c'est horrible. De ma vie, je n'ai jamais été aussi mal à l'aise.

VICTOR : Est-ce qu'il t'a vue ?

AMANDA : Non, il était en train de courir.

VICTOR : Après quoi ?

AMANDA : Comment veux-tu que je le sache ? Tu as le don des questions agaçantes.

VICTOR : Finalement, du moment qu'il ne t'a pas vue, tout va bien, non ?

AMANDA : Comment ça, tout va bien ? Nous devons partir sur-le-champ.

VICTOR : Mais pourquoi ?

AMANDA : Comment peux-tu être si bouché ?

VICTOR : Enfin, je n'ai pas peur de lui.

AMANDA : Mais moi non plus. Qui te parle d'avoir peur ? C'est seulement une situation horrible et tordue.

VICTOR : Je ne comprends pas en quoi notre lune de miel pourrait être troublée ou gâchée par Eliot.

AMANDA : Il a gâché ma précédente.

VICTOR : Je n'arrive pas à croire qu'il soit là.

AMANDA : Il est là, je te l'assure. Je l'ai vu.

VICTOR : Tu as cru le voir. À cette heure, la pénombre est trompeuse.

AMANDA : Non !

VICTOR : Je refuse catégoriquement de modifier nos plans à la dernière minute juste parce que tu as eu l'impression d'apercevoir Eliot. D'ailleurs, même s'il est ici, je ne vois pas ce que ça change. Il sera certainement plus gêné que toi et si jamais il t'importune, je lui règle son affaire.

AMANDA : Charmante perspective !

VICTOR : N'en parlons plus.

AMANDA : Tu imagines qu'on peut se débarrasser du problème d'un haussement d'épaules ?

VICTOR : Je n'ai pas l'intention de bouger, Amanda. Si je cède à tes caprices dès le premier soir, notre vie va devenir intolérable.

AMANDA : *(outrée)* J'hallucine !

VICTOR : *(avec calme)* Tu te mets dans tous tes états pour un problème qui n'existe que dans ta tête.

AMANDA : *(faisant l'effort de se contrôler)* S'il te plaît, Victor, je t'en prie, pour la dernière fois, partons à Paris ce soir. Je te demande ça du fond du cœur, s'il te plaît.

VICTOR : *(avec fermeté et tranquillité)* Amanda, c'est non.

AMANDA : Bravo ! Ça m'apprendra à épouser un pantouflard !

VICTOR : Inutile d'être désagréable, ma chérie.

AMANDA : Quel crétin prétentieux !

VICTOR : *(horrifié)* Amanda !

AMANDA : *(avec rage)* Oui, j'ai épousé une chaise, un tas de briques, un paquet bouffi de suffisance, persuadé de tout savoir mais aussi sensible qu'une porte blindée !

VICTOR : Amanda, s'il te plaît, contrôle-toi.

AMANDA : Va-t'en ! Ne m'approche pas ! Je ne comprends pas comment j'ai pu choisir un parfait imbécile pareil ! Tu as l'air d'avoir avalé une raquette.

VICTOR : *(avec une vraie dignité)* Je t'attendrai au bar. Quand tu seras prête à venir dîner, viens me rejoindre.

AMANDA : Va-t'en ! Va-t'en !

Victor disparaît au moment où Eliot entre sur la terrasse, poursuivi par Sibylle en larmes.

ELIOT : Arrête de hurler sinon je vais devenir coupable d'un meurtre par strangulation.

SIBYLLE : Je voudrais ne jamais t'avoir rencontré, ne jamais t'avoir épousé. Maintenant, je comprends pourquoi Amanda t'a quitté. Je descends dîner toute seule.

ELIOT : Dîne donc et étouffe-toi avec la nourriture, c'est tout ce que j'espère.

SIBYLLE : Oh, Eliot… Eliot

Gémissant, elle retourne dans la suite.

Eliot va jusqu'à la balustrade et allume une cigarette pour contrôler sa nervosité. Amanda le rejoint.

AMANDA : Donne-m'en une, vite, et je te serai reconnaissante pendant mille ans.

ELIOT : *(lui tendant son étui)* Tiens !

AMANDA : *(prenant une cigarette)* J'ai les nerfs en pelote. Je ne contrôle plus la situation.

ELIOT : *(allumant la cigarette)* Moi non plus.

AMANDA : Qu'allons-nous faire ?

ELIOT : Je n'en sais rien.

Amanda : À qui appartient ce yacht ?

Eliot : Aristote Onassis, je crois. Où qu'on aille, il y a toujours un yacht qui appartient à Aristote Onassis.

Amanda : J'aimerais bien qu'il m'emmène.

Eliot : Moi aussi, j'aimerais bien qu'il t'emmène.

Amanda : Pas besoin d'être désagréable.

Eliot : Si, j'ai besoin d'être désagréable. De toute ma vie, je n'ai jamais autant éprouvé la nécessité d'être désagréable.

Amanda : Ah oui ? Pourtant, tu as une longue pratique.

Eliot : Si tu me cherches aussi, Amanda, je me jette dans le vide.

Amanda : Vas-y, ne te gêne pas, essaye.

Eliot : Tu viens de me gâcher la vie, ce soir comme tous les autres soir, comme d'habitude.

Amanda : Quel culot ! Et moi, qu'est-ce que je devrais dire !

Eliot : À l'instant même où j'ai eu le malheur de poser mon regard sur toi, mon existence est devenue un enfer.

Amanda : Oh, la ferme, j'ai déjà entendu ça cent fois.

Eliot : Un cocktail ?

Amanda : Bonne idée. J'allais te le proposer.

Eliot : J'en ai deux.

Amanda : Moi aussi.

Ils sourient, amusés.

Eliot : Sifflons d'abord les miens.

Amanda passe de son côté de la terrasse. Ils boivent.

Amanda : Si on prenait une cuite, une cuite superbe, une cuite à en avoir honte, une cuite historique ?

Eliot : Nous l'avons déjà fait ; ça ne nous réussit pas.

Amanda : *(réfléchissant)* Quand ?

Eliot : J'avais fini la nuit au commissariat de police tandis que toi, tu te baladais toute nue, au milieu de la rue, avec mon gâteau d'anniversaire que tu voulais offrir aux pigeons.

Amanda : *(se souvenant)* Ah oui.

Ils se retiennent de rire.

Eliot : À la tienne.

Ils lèvent leur verre solennellement et boivent.

AMANDA : J'ai tenté de partir après t'avoir vu mais il a refusé de bouger.

ELIOT : Comment s'appelle-t-il ?

AMANDA : Victor. Victor Pryne.

ELIOT : *(portant un toast)* À M. et Mme Victor Pryne ! *(Il boit.)* La mienne non plus n'a pas bougé.

AMANDA : Comment s'appelle-t-elle ?

ELIOT : Sibylle.

AMANDA : *(portant un toast)* À M. et Mme Eliot Chase ! *(Elle boit.)* Que Dieu et les hommes prennent en pitié la pauvre enfant !

ELIOT : Tu l'aimes ?

AMANDA : Évidemment.

ELIOT : Marrant…

AMANDA : Je ne vois pas ce qu'il y a de particulièrement marrant. Et toi, tu l'aimes ?

ELIOT : Naturellement.

AMANDA : Marrant.

ELIOT : *(agacé)* Oh, je t'en prie.

AMANDA : Te voilà dans de beaux draps !

ELIOT : Nous voilà dans de beaux draps !

AMANDA : Comment est-elle ?

ELIOT : Blonde, jolie, bien élevée.

AMANDA : Banale, quoi…

ELIOT : Elle joue du piano à ravir.

AMANDA : C'est une consolation.

ELIOT : Et le tien, à quoi il ressemble ?

AMANDA : Je ne veux même pas en parler.

ELIOT : Peu importe, il va sûrement surgir dans quelques instants et je pourrai juger par moi-même. Sait-il que je suis là ?

AMANDA : Oui.

ELIOT : Voilà qui va simplifier les choses, c'est certain !…

AMANDA : N'aie pas peur, il ne te fera pas de mal.

ELIOT : S'il s'approche de moi, je crie très fort.

AMANDA : Je t'aiderai.

Ils sourient.

AMANDA : Donc, Sibylle ne sait pas que je suis là.

ELIOT : Non, j'ai prétendu que je pressentais une catastrophe, comme la femme qui a refusé d'embarquer sur le *Titanic*, et j'ai tenté de la persuader de partir à Paris.

AMANDA : *(amusée)* Nous aurions pu nous retrouver tous les quatre dans le même train.

ELIOT : *(riant)* Et dans le même compartiment ! Celui de la dernière minute !

AMANDA : *(riant)* Tous les quatre, assis en face les uns des autres à se regarder en chien de faïence.

ELIOT : À se demander qui osera se lever le premier pour aller aux toilettes !

AMANDA : Jolie nuit de noces !

ELIOT : Ravissantes lunes de miel !

Ils rient avec bonne humeur.

AMANDA : Où est-elle ?

ELIOT : Tu ne l'as pas entendue brailler qu'elle descendait dîner ?

AMANDA : Le mien aussi est à la salle à manger.

ELIOT : Peut-être sont-ils côte à côte, devant le même miroir, en train de faire la gueule ?

Ils rient encore.

AMANDA : La connais-tu depuis longtemps ?

ELIOT : Quatre ou cinq mois. Nous nous sommes rencontrés à une réception à Norfolk.

AMANDA : Norfolk, très ennuyeux Norfolk.

ELIOT : Quel âge a ce cher Victor ?

AMANDA : *(très vite)* Comme moi. *(D'un air détaché.)* Et Sibylle ?

ELIOT : J'ai honte de l'avouer, elle est beaucoup plus jeune que moi.

AMANDA : Tes exigences ont baissé. Dans dix ans, tu attendras à la sortie des lycées.

ELIOT : S'il te plaît, retiens-toi. Moi, je n'ai pas fait de commentaire sur ton cher Victor.

AMANDA : Veux-tu bien cesser de l'appeler « le cher Victor » ? C'est agaçant au plus haut point.

ELIOT : Je l'imagine comme un bon chien, très brave, solide, résistant, l'œil tendre et la bouche baveuse, perdant déjà un peu ses poils mais toujours plein de prévenances et de gentilles attentions. Ce cher Victor...

Amanda : Je ne veux même pas en parler. Moi, au moins, j'ai eu le bon goût de m'abstenir de toute remarque sur cette chère Sibylle.

Eliot : Faux ! Tu as dit : « Norfolk, très ennuyeux Norfolk ».

Amanda : Ça n'avait rien à voir avec elle. À moins qu'elle ne contribue, depuis sa naissance, à rendre Norfolk excessivement ennuyeux.

Eliot : Il y a de l'acide dans ta voix quand tu mentionnes son nom.

Amanda : Je ne le mentionnerai plus.

Eliot : Merci. Je ne parlerai plus de Victor.

Amanda : *(dignement)* Merci.

Un temps.

L'orchestre commence à rejouer leur air.

Eliot : Encore ! Cet orchestre manque de répertoire.

Amanda : C'est insupportable : il ne connaît que cet air !

S'asseyant sur la balustrade, elle commence à chanter avec douceur, son regard perdu dans le lointain, sa pensée encore plus loin.

Amanda :
Peut-être est-ce bien lui,
Peut-être n'est-ce pas lui,
L'amour qui m'attendait depuis toujours.
Peut-être n'est-ce qu'un frisson
Ou bien la vraie passion
Qui a rendu ce soir mon cœur si lourd.

Lorsqu'elle se tourne vers lui, elle a les yeux pleins de larmes. Il détourne le regard, gêné, et allume une cigarette.

Eliot : Tu as toujours eu une jolie voix, Amanda.

Amanda : Merci.

Eliot : Je suis vraiment désolé par ce qui nous arrive, vraiment, je donnerai cher pour l'éviter.

Amanda : J'en suis certaine. Moi aussi, ça me désole. C'est la faute à pas de chance.

Eliot : Quoiqu'il en soit, je partirai demain, rassure-toi.

Amanda : C'est gentil de ta part.

Eliot : J'espère que tout se rétablira et que tu seras heureuse, Amanda.

Amanda : Je te souhaite la même chose, Eliot.

La musique, n'ayant pas cessé, est revenue au refrain sentimental qui leur rappelle leur amour. Ils se sourient tendrement avec l'envie de rire.

ELIOT : Vilain petit refrain vicieux qui insiste.

AMANDA : Incroyable, le pouvoir de la musique bon marché.

ELIOT : Qu'est-ce que ça te rappelle, exactement, en ce moment ?

AMANDA : L'aube, le soleil sur la neige, toi à genoux devant moi en train de régler mes chaussures sur mes skis.

ELIOT : Ma pauvre Amanda, j'avais beau t'expliquer qu'on devait glisser sur les skis, tu glissais sur tes fesses.

AMANDA : J'avais compris pourtant. Mes fesses étaient devenues bleues, paraît-il ?

ELIOT : Je te le confirme. De ravissantes fesses bleues de jeune mariée.

Il rit de plaisir.

AMANDA : Tout de même, est-ce que c'était bienvenu de rire autant de moi ?

ELIOT : Tu ne m'as pas épargné quand nous sommes passés aux patins à glace.

AMANDA : *(riant)* C'est vrai, je me suis vengée : j'ai toujours été divine sur des patins.

ELIOT : *(sincèrement)* Divine.

AMANDA : *(soupirant)* Ça fait plaisir de penser qu'on a connu quelques moments magnifiques.

ELIOT : Quelques moments ! Des milliers de moments magnifiques. Seulement, nous les avons cachés derrière les mauvais souvenirs.

AMANDA : Oui. Qu'on est bêtes d'avoir tout gâché ! Bêtes ! Brutaux ! Stupides !

ELIOT : Tu le penses ?

AMANDA : *(avec chaleur).* Oui.Toi aussi ?

ELIOT : Moi aussi. Alors pourquoi ?

AMANDA : Ce qu'il y avait entre nous était trop fort pour nous.

ELIOT : Nous étions trop amoureux ?

AMANDA : Trop.

ELIOT : Trop.

AMANDA : *(tristement)* Marrant, non ?

ELIOT : *(tristement aussi)* Marrant. Désopilant. À se tordre.

AMANDA : La jalousie, la cruauté, l'agressivité, la violence, tous les défauts nous sont venus uniquement parce que nous étions amoureux.

ELIOT : Peut-être les avions-nous déjà ?

AMANDA : Non, c'est l'amour qui les a provoqués. Une horreur, l'amour !

ELIOT : Une horreur !

AMANDA : Et pourtant, nous voilà en train de remettre ça avec deux autres. C'est reparti pour un tour. Un tour au manège de l'amour.

ELIOT : Non. Nous ne sommes pas amoureux d'eux. Et tu le sais bien, Amanda.

Il se lève et marche vers sa chambre.

ELIOT : Bonsoir, Amanda.

AMANDA : Eliot, ne fais pas l'idiot. Reviens ici.

ELIOT : Je dois aller retrouver Sibylle.

AMANDA : Je dois aller retrouver Victor.

ELIOT : *(avec hargne)* Alors, pourquoi n'y vas-tu pas ?

AMANDA : Je ne veux pas.

ELIOT : Nous devrions avoir honte.

AMANDA : Nous devrions. *(Un temps.)* Ne me laisse pas seule. Eliot, sinon je vais devenir folle. Reste avec moi jusqu'à ce que je me calme.

ELIOT : D'accord.

Silence de mort entre eux.

AMANDA : Qu'est-ce que tu as fait ces derniers temps ? Ces dernières années ?

ELIOT : Voyagé. J'ai fait le tour du monde après notre…

AMANDA : *(très vite)* Oui, oui. Comment était-ce ?

ELIOT : Le monde ?

AMANDA : Oui ?

ELIOT : Pas mal.

AMANDA : La Chine ?

ELIOT : Grand.

AMANDA : Le Japon ?

ELIOT : Petit.

AMANDA : Tu as mangé des ailerons de requins, des omelettes de fourmis, de la cervelle de singe, des testicules de chiens, tout ça ?

ELIOT : Tout ça, oui.

AMANDA : Et l'Inde ? Le Taj Mahal ?

ELIOT : *(la regardant)* Incroyable.

AMANDA : L'as-tu vu au clair de lune ?

ELIOT : *(ne la quittant pas des yeux)* Oui, c'est très révélateur, le clair de lune.

AMANDA : J'ai toujours trouvé qu'il ressemblait à une boîte à biscuits.

ELIOT : *(doucement)* Ma chérie, ma chérie, je t'aime tellement.

AMANDA : J'espère que tu as rencontré un éléphant sacré, blanc et doux comme du coton.

ELIOT : Je n'ai jamais aimé qui que ce soit d'autre.

AMANDA : *(faible, levant la main en signe de protestation)* Non, non, nous n'avons pas le droit, Eliot. Arrête.

ELIOT : Toi aussi, tu m'aimes. Il n'y a aucun doute là-dessus. Amanda. Aucun.

AMANDA : *(presque mourante)* Non. Aucun.

ELIOT : Tu es ravissante, sais-tu, sous ce fichu clair de lune, de plus en plus belle à chaque seconde, attirante, enivrante, entêtante, sans la moindre particule qui me repousse, la moindre particule que j'aurais oubliée, la moindre particule que je ne désire pas.

AMANDA : Mon amour.

ELIOT : Si tu savais combien, au plus profond de moi, je ne veux que toi, que vivre avec toi, que…

AMANDA : *(mettant la main devant la bouche d'Eliot)* Ne dis plus rien, sinon je vais pleurer.

Il la prend doucement dans ses bras. Ils se tiennent, sans dire un mot, oubliant tout le reste.

Lorsqu'ils se reprennent, ils sont à bout de souffle.

AMANDA : Et maintenant, qu'allons-nous faire ? Eliot ? Qu'allons-nous faire ?

ELIOT : Je suis un peu perdu. Complètement perdu.

AMANDA : Nous devons réfléchir, vite, très vite.

ELIOT : Fuir ?

AMANDA : Ensemble ?

ELIOT : Oui, nous enfuir ensemble, tout de suite.

AMANDA : Nous ne pouvons pas faire ça, Eliot, nous ne pouvons pas.

ELIOT : Quoi d'autre, alors ?

AMANDA : Si je fais ça, je brise Victor, je l'anéantis, je le tue.

ELIOT : Et moi, je bousille l'existence de Sibylle ! Mais imagine l'enfer que nous allons leur faire vivre si nous restons, si nous restons, en faisant semblant de les aimer alors que… Ce serait pire.

AMANDA : Nous allons tout leur raconter.

ELIOT : Comment ?

Amanda : Oui, appelons-les, convoquons-les.

Eliot : Non. Non.

Amanda : Ce serait honnête.

Eliot : Oui, tu as raison. Ce serait honnête. Un assassinat honnête. Un carnage honnête. Par qui commençons-nous ? Qui frappons-nous le premier ?

Amanda : Qu'est-ce que tu proposes à la place ? De toute façon, ils vont revenir d'un instant à l'autre.

Eliot : Toi et moi, nous devons nous décider maintenant : soit nous partons ensemble, soit nous restons chacun avec nos deux pantins sans nous revoir jamais.

Amanda : Tu parles d'un choix !

Eliot : Donc, viens.

Il la prend par la main.

Amanda : Attends ! C'est de la folie, nous perdons la tête, nous ne sommes plus dans notre état normal.

Eliot : Ensemble, nous ne l'avons jamais été. Viens.

Amanda : Où irait-on ?

Eliot : À la gare.

Amanda : Et puis ?

Eliot : À Paris.

Amanda : Très bien. J'ai un pied-à-terre à Paris.

Eliot : Parfait.

Amanda : L'appartement de ma tante Agathe qui est en cure.

Eliot : Victor le connaît-il ?

Amanda : Non. Je crois qu'il n'en a pas l'adresse.

Eliot : De mieux en mieux.

Amanda : Eliot, j'ai peur : nous allons très vite recommencer à nous disputer. Nous nous sommes toujours disputés.

Eliot : Non, nous sommes plus vieux et plus sages désormais.

Amanda : On ne change pas, Eliot. Dès que l'un de nous deux sera agacé par je ne sais quoi, ça repartira de plus belle.

Eliot : Arrête de tergiverser, Amanda.

Amanda : Je m'efforce d'être raisonnable.

Eliot : Ce n'est pas un rôle pour toi, tu ne parviens qu'à être stupide.

AMANDA : Stupide ! Non mais dis donc ! Et toi !

ELIOT : Oui ! Stupide ! Têtue ! Bornée ! Stupide !

Elle le gifle. Immédiatement, elle le regrette.

AMANDA : Oh non ! Oh, mon chéri, mon chéri, je ne voulais pas…

ELIOT : Ce n'est rien. Moi non plus, je ne le pensais pas. Pas une seconde.

AMANDA : Excuse-moi.

ELIOT : Pardonne-moi.

Ils s'embrassent pour faire la paix.

ELIOT : Partons.

AMANDA : Je ne bouge pas d'ici tant que nous n'aurons pas passé un pacte de non-agression mutuel.

ELIOT : Allons, c'est idiot.

AMANDA : Non.

ELIOT : Alors c'est impossible.

AMANDA : Impossible mais nécessaire. Un pacte de non-agression mutuel.

ELIOT : Comment est-ce qu'on négocie ça ? Je sens qu'on va se disputer.

AMANDA : Comme tout dégénère entre nous à cause des chamailleries, je propose qu'à l'instant même où nous commençons à nous chamailler, le premier à s'en rendre compte crie un nom de code. Et nous nous engageons, ici, solennellement, tous les deux, à interrompre la conversation sur-le-champ et pour les cinq minutes à suivre.

ELIOT : Deux minutes, chérie, avec possibilité de renouvellement.

AMANDA : D'accord. Deux minutes. Quel nom de code ?

ELIOT : *(très vite)* Amanite phalloïde.

AMANDA : Qu'est-ce que c'est, déjà ?

ELIOT : Un champignon mortel.

AMANDA : D'accord. Amanite phalloïde.

ELIOT : Allons-y, vite !

AMANDA : Et qu'est-ce qu'on fait si on se retrouve face à eux dans l'escalier ?

ELIOT : On court comme des dératés.

AMANDA : On ne devrait pas laisser un mot ?

ELIOT : Non, non. On enverra un télégramme en route.

AMANDA : Chéri, je n'ose pas, c'est trop mal de notre part, je n'ose pas.

ELIOT : *(la serrant dans ses bras et l'embrassant fougueusement)* Allons ! Reprends-toi.

AMANDA : Partons par ta chambre.

ELIOT : Non, par la tienne.

AMANDA : La tienne.

ELIOT : La tienne.

AMANDA : Écoute, je ne te demande pas grand-chose.

ELIOT : Pourrais-tu m'accorder quelque chose, une fois, une seule, dans ta vie ?

AMANDA : Ça c'est trop fort ! Je…

ELIOT : Amanite phalloïde !

AMANDA : Amanite phalloïde ? *(Résolue.)* Filons !

Ils se ruent dans la suite d'Eliot.

Un moment plus tard, Victor sort de l'autre suite sur la terrasse et cherche Amanda, inquiet. Puis il retourne à l'intérieur pour l'appeler. Sans réponse, déprimé, il revient sur la terrasse et va jusqu'à la balustrade.

De l'autre côté, on entend Sibylle appeler Eliot puis venir le chercher sur la terrasse. Elle sursaute en ne voyant que Victor.

VICTOR : Bonsoir.

SIBYLLE : *(balbutiant)* … Bonsoir… Je… Je cherchais mon mari.

VICTOR : Tiens, c'est drôle. Moi, je cherche ma femme.

SIBYLLE : Quelle coïncidence.

Elle rit jaune, nerveusement.

Un temps.

VICTOR : Un endroit charmant, ici, vous ne trouvez pas ?

SIBYLLE : Charmant.

VICTOR : Vous y séjournez depuis longtemps ?

SIBYLLE : Non, nous sommes arrivés cet après-midi.

VICTOR : Encore une coïncidence ! Nous aussi.

SIBYLLE : Comme c'est drôle.

Aucun des deux ne rit.

VICTOR : Ma femme et moi, nous venons passer notre lune de miel à Cannes.

SIBYLLE : C'est incroyable. Nous aussi !

VICTOR : Comme c'est drôle.

Ils tirent chacun une tête de plus en plus sinistre.

VICTOR : Et… ça se passe bien ?

SIBYLLE : Très bien, merci. Et vous ?

VICTOR : Très bien, merci. *(Un temps.)* Ça vous dit un cocktail ?

SIBYLLE : Oh non, merci, vraiment, je...

VICTOR : Si, si, j'insiste.

À ce moment-là, Sibylle découvre que les deux cocktails de son côté ont été bus. Elle relève la tête d'un air de défi.

SIBYLLE : Merci beaucoup, avec plaisir.

VICTOR : Tenez.

Il lui tend un verre et en prend un.

SIBYLLE : Merci.

VICTOR : *(avec une gaîté un peu forcée)* Aux absents !

Il lève son verre.

SIBYLLE : *(levant le sien)* Aux absents ! Qui ont toujours tort.

Ils se forcent à rire sans aucune joie. Victor se sent obligé de corriger son toast.

VICTOR : Àvotre bonheur !

SIBYLLE : Au vôtre.

Ils regardent la mer avec une mine sinistre.

Le rideau tombe lentement.

Acte II

L'appartement que possède la tante d'Amanda à Paris.

Il est dix heures du soir. Les fenêtres sont grandes ouvertes mais l'on entend à peine la rumeur de la ville.

Amanda et Eliot, assis l'un en face de l'autre, finissent leur dîner.

Ils sont habillés pour rester chez eux, d'une façon élégante et décontractée.

AMANDA : Je suis ravie que la bonne ne soit pas là. Rien ne nous dérange.

ELIOT : Pourquoi l'as-tu renvoyée chez elle ?

AMANDA : Je crains qu'elle ne couve un rhume.

ELIOT : Qu'elle le couve ? Tout l'après-midi, elle a grogné et reniflé comme un troupeau de bisons.

AMANDA : *(pensive)* Crois-tu qu'on puisse dire « un troupeau » de bisons ?

ELIOT : Et que veux-tu dire ? Un banc de bisons ? Un essaim de bisons ? Une compagnie de bisons ?

AMANDA : Magnifique : une compagnie ! La Compagnie Royale des Bisons de Paris ! Selon toi, est-ce que Louise, la bonne, est heureuse en ménage ?

ELIOT : Non, très malheureuse.

AMANDA : Battue par son mari ?

ELIOT : Bien sûr. Son mari la frappe, ses enfants lui tirent les cheveux, elle couche dans un sac à puces sous une mansarde trouée et elle mange du pâté pour chiens.

AMANDA : Oh, pauvre Louise.

ELIOT : *(comme une évidence)* Tu connais les Français.

AMANDA : Bien sûr, je connais aussi les Allemands.

ELIOT : Comment sont-ils ?

AMANDA : Rêveurs. C'est normal, avec toute cette choucroute.

ELIOT : Bien sûr.

AMANDA : As-tu déjà traversé le Sahara à dos de chameau ?

ELIOT : Régulièrement lorsque j'étais enfant. Ma grand-mère louait une loge à l'année sur un chameau.

AMANDA : Comme quoi on a raison : les voyages forment la jeunesse.

ELIOT : Un petit cognac ?

AMANDA : Minuscule.

Il lui prépare un verre et s'en sert un.

ELIOT : Je suis content que nous ne sortions pas ce soir.

AMANDA : Ni le soir d'avant.

ELIOT : Ni le soir d'avant.

AMANDA : Pourquoi sortir quand on est bien ici ?

ELIOT : D'autant que si nous faisions ailleurs ce que nous faisons ici, nous serions déjà en prison.

AMANDA : Ou dans une cage au jardin des Plantes.

ELIOT : *(corrigeant)* Au musée de l'Homme.

AMANDA : *(lui touchant le nez)* Vantard ! *(Un temps.)* On est bien, non ?

ELIOT : Très. En même temps, cela prouve que nous n'avons pas de conscience. Nous devrions être rongés par le remords.

AMANDA : Moi, ça m'arrive de temps en temps.

ELIOT : Moi, pas assez.

AMANDA : Oh, nous leur avons envoyé chacun un très gentil petit mot.

ELIOT : Oui, très gentil. « Adieu, je ne t'aime pas, notre mariage aurait été une ridicule erreur. » J'espère qu'ils ont apprécié la gentillesse à son vrai poids.

AMANDA : Que pourraient-ils espérer de plus ? Je dis toujours : quand c'est fait, c'est fait.

ELIOT : Si tu le dis toujours…

AMANDA : Nos retrouvailles tiennent du miracle. Quand je pense que je pourrais vivre avec Victor. J'ai été folle d'y songer ne serait-ce qu'un instant.

ELIOT : Tu as fait plus qu'y songer.

AMANDA : Tu es mal placé pour critiquer. *(Ravie.)* Est-ce que nous nous remarierons après nos divorces ?

ELIOT : Une troisième lune de miel ?

AMANDA : Une troisième ensemble. *(Ils rient.)* Qu'en penses-tu ? Moi, le mariage me fait peur. C'est lui qui a tout gâché.

ELIOT : Parce que, à l'époque, nous n'avions pas le mode d'emploi.

AMANDA : Lequel ?

ELIOT : Amanite phalloïde !

AMANDA : C'est vrai. C'est cela que l'on devrait offrir aux jeunes mariés plutôt que des cuillères et des plats en argent. Amanite phalloïde !

ELIOT : J'avoue que c'est une riche idée que j'ai eue là.

AMANDA : Pardon ?

ELIOT : Je dis : c'est une riche idée que j'ai eue ce soir-là.

AMANDA : Tu plaisantes, j'espère ? C'est mon idée, pas la tienne.

ELIOT : Tu as oublié, ma chérie, que c'était mon idée. Mais tant pis. Ça n'a pas d'importance.

AMANDA : Mais si, ça a de l'importance !

ELIOT : D'accord, je vais te faire plaisir : c'est ton idée.

AMANDA : Tu m'agaces, il ne s'agit pas de me faire plaisir mais de reconnaître ce qui est. Tu as trouvé le nom de code après que j'ai proposé l'idée du pacte. Rien d'autre. Tout est dû à mon initiative.

ELIOT : *(affectueusement)* Bien sûr. Si tu le dis.

AMANDA : Ah, ne prends pas ce ton avec moi. Tu me traites comme une enfant irresponsable. On dirait que tu acquiesces juste pour me calmer et me faire taire.

ELIOT : Non mais quel caractère impossible !

AMANDA : C'est ça ! C'est toi qui te trompes et qui essaies de tirer gloire de mes idées mais c'est moi qui ai un caractère impossible.

ELIOT : Oui, impossible ! Véritablement impossible.

AMANDA : Parce que toi, tu es parfait, peut-être ? Question mémoire, ça laisse déjà à désirer ! Et pour ce qui est de la bonne foi…

ELIOT : Amanite phalloïde.

AMANDA : Quoi ?

ELIOT : Amanite phalloïde !

Ils se calment immédiatement.

AMANDA : *(souriant)* Tu es superbe en chemise.

ELIOT : C'est ce que je me disais tout à l'heure devant le miroir. Ravi de voir mon opinion devenir majoritaire.

AMANDA : Ça ne te gêne pas de faire le tour de la table et de venir m'embrasser ?

ELIOT : Non, madame. Comme vous voulez, madame.

Il fait le tour et l'embrasse dans le cou.

AMANDA : Cinq ans perdus ! Cinq ans d'errances ! Cinq ans de souffrances inutiles !

ELIOT : Peut-être pas inutiles... Ces cinq ans nous ont sans doute bonifiés, donné du moelleux, transformés en beaux fruits mûrs.

AMANDA : Lorsque nous vivions ensemble, croyais-tu vraiment que je te trompais ?

ELIOT : Oui. Pratiquement tous les jours.

AMANDA : Moi aussi. Je me torturais avec des images de toi enlacé avec des veuves dans des divans profonds.

ELIOT : Pourquoi des veuves ?

AMANDA : On peut tout craindre des veuves. Elles ont déjà été dégourdies par un premier mariage. Elles ne respectent que le leur, pas celui des autres.

ELIOT : Intéressante théorie !

AMANDA : Quand je parlais des veuves, je pensais surtout à Claire Lavenham.

ELIOT : Ah, Claire...

AMANDA : *(coupante)* Comment ça « Ah Claire ? » Tu as entendu comme tu l'as dit ? Tu pourrais me ménager, tout de même.

ELIOT : *(l'embrassant)* Ma chérie !

AMANDA : Elle voulait coucher avec toi et je suis certaine qu'elle y est parvenue. Après notre séparation, en tout cas.

ELIOT : Attention. La curiosité est dangereuse.

AMANDA : Allons donc ! Je ne m'attends pas à ce que tu sois resté chaste pendant cinq ans, pas plus que moi.

ELIOT : Quoi !

AMANDA : Après tout, Claire était attirante, c'est indéniable, très souriante, très enjouée, très pétillante, trop, mais ça lui allait bien d'être pétillante. Elle avait raison, c'était son genre : il faut toujours être pétillante lorsqu'on est une bécasse.

ELIOT : Qu'est-ce que tu veux dire lorsque tu parles de ne pas demeurer chaste pendant cinq ans ?

AMANDA : Ce que je veux dire ? Ce que j'ai dit

ELIOT : *(indigné)* Quoi ?

AMANDA : Oui.

ELIOT : Ah bon ?

AMANDA : Évidemment.

ELIOT : Et tu me dis cela comme ça ?

Il va s'indigner lorsqu'elle s'exclame :

AMANDA : Amanite phalloïde !

Il se calme immédiatement et prend un air malheureux. Elle sourit avec compassion.

AMANDA : Pendant ces cinq ans, j'ai essayé de m'arracher ton image de la tête.

Il approuve avec lenteur.

ELIOT : *(avec humour)* C'est de ma faute, en quelque sorte ?

AMANDA : Je suis certaine que tes aventures ont été plus nombreuses que les miennes.

ELIOT : C'est différent. Je suis un homme. J'ai des besoins.

AMANDA : Les femmes n'ont pas de besoins ? Est-ce que tu t'entends, seulement ? D'après toi, les femmes sont des statues ?

ELIOT : Ça ne va pas aux femmes de coucher ça et là.

AMANDA : Heureusement qu'elles le font, sinon avec qui coucheraient les hommes ?

ELIOT : Très moderne, ta façon de voir, chérie.

AMANDA : Très archaïque, ta façon de voir, chéri. Allons, ne te vexe pas. Cinq ans, c'est long et il n'y a rien eu… *(Un temps.)* de sérieux.

ELIOT : *(avec violence)* Et tu veux que je te croie ! Tu mens !

AMANDA : Non, je ne mens pas. Mais c'est toi qui voudrais que je mente. Tu préférerais que je te fasse un beau mensonge, que je prétende qu'aucun homme ne m'a regardée. Ça, ce serait clairement énorme mais tu l'aurais cru !

ELIOT : Évidemment. Ça m'aurait fait plaisir.

AMANDA : Te rends-tu compte de ce que tu dis ? Nous divorçons, tu disparais, mais il fallait néanmoins que je t'attende ? Tu es monstrueux.

ELIOT : Oui.

AMANDA : Ton égoïsme est sans limite.

ELIOT : Mon égoïsme est à la mesure de mon amour.

AMANDA : Eliot, encore une fois, il n'y a rien eu de sérieux.

ELIOT : Tu mens !

AMANDA : *(répondant pour jouer, avec la même violence)* Oui, je mens ! En fait, j'ai eu une aventure passionnée avec un homme, en Afrique du Sud !

ELIOT : *(furieux)* Ah !

AMANDA : Tom. Deux mètres de haut. Un appétit incroyable. Avec une main, il faisait le tour de ma taille. Des dents parfaites. La plupart du temps, il ne portait qu'un pagne. Il sentait le fauve, il chassait le crocodile sans armes, il portait un anneau dans le nez et un autre dans le nombril. Ce deuxième anneau particulièrement me rendait folle !

Eliot sourit, se rendant compte qu'elle se moque de lui. Il s'approche et l'embrasse.

AMANDA : J'aurais dû dire « Amanite phalloïde » depuis longtemps.

ELIOT : Nous sommes amoureux, c'est certain.

AMANDA : *(l'imitant)* « Nous voilà dans de beaux draps ! » (*Un temps.)* Trop amoureux. Toujours. Essayant d'en tirer le meilleur, cette fois-ci, pas le pire.

Eliot lui prend la main par-dessus la table.

ELIOT : Êtes-vous prise pour cette danse ?

AMANDA : *(se levant)* Je l'étais, mais mon partenaire s'est subitement trouvé mal. On vient de l'emmener aux urgences.

Eliot met un disque et ils dansent langoureusement.

ELIOT : C'est sans doute cette terrible épidémie de choléra…

AMANDA : Non, une descente d'organes.

ELIOT : Ce plancher est divin pour danser, non ?

AMANDA : Divin. Il lui manque juste un petit peu de cire d'abeille.

ELIOT : La cire d'abeille ? J'adore.

AMANDA : N'est-ce pas la grande-duchesse Olga, là-bas, étendue sous le piano ? N'est-elle pas saoule ?

ELIOT : Elle l'est toujours. Quand elle ne l'est, ce n'est pas elle.

AMANDA : La pauvre ! Elle se remet de la mort de son mari. Il s'est écroulé en revenant de Zurich.

ELIOT : Aussi, quelle idée d'aller à Zurich ! Pourquoi pas Genève ! Il y a des lieux dangereux.

AMANDA : Arrêtez. Vous me faites peur.

ELIOT : J'adore les réceptions que donne Lady Bubble. Pas vous ?

AMANDA : Si. C'est une vieille dame adorable.

ELIOT : Et tellement astucieuse : avez-vous remarqué tout à l'heure l'adresse avec laquelle elle parvenait à remplir son décolleté avec les crevettes du buffet ?

Amanda s'assoit sur le divan, songeuse.

AMANDA : Pauvre Sibylle, tout de même.

ELIOT : Sibylle ?

AMANDA : Elle doit être follement amoureuse de toi.

ELIOT : Elle n'a pas eu le temps.

AMANDA : Elle doit quand même être très malheureuse.

ELIOT : On dirait que ça te fait plaisir.

AMANDA : Naturellement. Aurais-tu été heureux avec elle ?

ELIOT : Sans doute.

AMANDA : Oh.

ELIOT : Comme toi avec Victor. Une vie tranquille et douce. Avec beaucoup de tendresse.

AMANDA : Oh ? La tendresse !

ELIOT : Je suis de ton avis. La tendresse est une défaite, l'hospice de la passion, la retraite de l'amour.

AMANDA : Ce pauvre vieux Victor. Il était tellement amoureux de moi, tu sais.

ELIOT : *(légèrement agacé)* Et pourquoi pas ?

AMANDA : Quand je l'ai connu, je me sentais seule, désemparée, avec le sentiment que ma jeunesse partait en morceaux.

ELIOT : *(sarcastique)* C'est très douloureux de partir en morceaux.

AMANDA : Il me regardait avec un bon regard de chien, sans espoir, un regard qui me faisait fondre comme un glacier au printemps.

ELIOT : Ça devait être un spectacle édifiant.

AMANDA : Victor avait un charme fou, il s'était mis dans la tête de me couvrir d'attentions, de prévenance, de délicatesse, comme s'il avait besoin de me protéger.

ELIOT : Ça se serait calmé avec le temps, chérie.

AMANDA : Ne sois pas grossier.

ELIOT : Je ne suis pas grossier mais réaliste.

AMANDA : Il y a de l'aigreur dans ta voix.

ELIOT : Je n'aime pas tellement t'entendre chanter les mérites de Victor.

AMANDA : Je ne chante rien.

ELIOT : Victor par ci, Victor par là. Le courage de Victor. L'honnêteté de Victor. Le chagrin de Victor. Le charme puissant de Victor. Victor avait des jambes magnifiques, non ? Et des oreilles tout à fait fascinantes ?

AMANDA : Ne sois pas stupide.

ELIOT : Il avait probablement une mine splendide, le matin, au saut du lit, la peau rose tendue comme celle d'un bébé.

AMANDA : Je ne l'ai jamais vu au saut du lit.

ELIOT : Tu m'étonnes !

AMANDA : Je ne l'ai jamais vu au saut du lit.

ELIOT : Je ne te crois pas. Je ne te crois plus.

AMANDA : *(avec colère)* Eliot !

ELIOT : Quoi ?

AMANDA : Tu me cherches des poux. Tu me…

ELIOT : Je suis écœuré par ta fascination pour Victor, les oreilles de Victor, les mains de Victor, les pieds de Victor, la nuque de Victor, les poils du nez de Victor !

AMANDA : Non, mais dis donc, une fois pour toutes, je te défends…

ELIOT : Oh là là ! Amanite phalloïde. Pouce ! Amanite phalloïde !

AMANDA : Non. Je te défends…

ELIOT : Amanite phalloïde !

AMANDA : Mais…

ELIOT : *(avec fermeté)* Amanite phalloïde ! Deux minutes !

Dans un silence de mort, il s'assoient en s'observant.

Amanda signale qu'elle souhaite une cigarette. Eliot se lève, présente son boîtier et allume leurs deux cigarettes.

Amanda va jusqu'à la fenêtre pour regarder dehors.

Eliot la rejoint.

Elle passe un bras autour de la taille d'Eliot et ils s'embrassent du bout des lèvres.

Réconciliés, ils tirent les rideaux puis vont s'asseoir sur le canapé.

Ils soupirent ensemble.

ELIOT : C'était moins une.

AMANDA : Je suis désolé, c'était de ma faute.

ELIOT : Du tout. J'étais agacé en songeant à Victor. Je suis sûr que c'est un homme charmant, bien élevé, beaucoup plus présentable que moi et que tu as raison de parler de lui avec autant de gentillesse.

AMANDA : Comme tu es généreux ! Je t'adore.

Elle l'embrasse.

ELIOT : *(se réadossant confortablement dans le canapé avec elle)* Je crois que je ne t'ai jamais autant aimée. C'est ridicule, non ? Allonge-toi, mon petit cœur.

Elle pose ses jambes sur les siennes. Ils se serrent l'un contre l'autre. Il pose sa tête sur l'épaule d'Amanda.

AMANDA : Confortable ?

ELIOT : Presque. Attends.

Il remue un peu puis se cale avec un soupir de satisfaction.

AMANDA : Combien de temps, encore, mon Dieu, combien de temps ?

ELIOT : Quoi ?

AMANDA : C'est trop parfait, ça ne peut pas durer.

ELIOT : Je t'aime tellement.

AMANDA : On va le payer, on va le payer.

ELIOT : Je t'aime.

AMANDA : Ne respire pas, trésor, ça me donne des frissons.

ELIOT : *(essayant de l'embrasser)* Tourne ton visage.

AMANDA : *(obéissant)* Comme ça.

ELIOT : *(l'embrassant longuement)* Parfait. Merci. Avec les remerciements de la maison.

AMANDA : *(enroulant les bras d'Eliot autour de son cou)* Mon amour, tu me plais tellement…

Elle approche son visage et ils s'embrassent passionnément.

ELIOT : Nous avons été gravement malades de nous séparer.

AMANDA : Malades à enfermer.

ELIOT : Je m'en suis rendu compte immédiatement. Pas toi ?

AMANDA : Immédiatement. Bien avant que le divorce soit annoncé.

ELIOT : Pendant mon satané tour du monde, j'ai vu des choses si belles, mon amour, des clairs de lune sur des temples millénaires, des danses sauvages au milieu de la brousse, des flamands roses planant au-dessus des eaux bleues, oui, des scènes à couper le souffle, mais qui ne me touchaient pas parce que tu n'étais pas là pour les admirer avec moi.

AMANDA : *(l'embrassant de nouveau)* Emmène-moi, s'il te plaît. Emmène-moi tout de suite, rattrapons le temps perdu.

ELIOT : La semaine prochaine.

AMANDA : Demain.

ELIOT : Chiche !

AMANDA : Je ne peux plus attendre, surtout pour les flamands roses. *(Un temps.)* Au fond, nous nous sommes aimés huit ans. Trois ans mariés, cinq ans divorcés.

ELIOT : Mon ange.

Il l'embrasse avec passion.

AMANDA : *(se débattant légèrement)* Non, Eliot, arrête, s'il te plaît.

ELIOT : Pourquoi ? Tu adores ça !

AMANDA : *(à travers les baisers)* Non. Pas sur la digestion.

Eliot bondit sur ses pieds, en colère.

ELIOT : Non, alors ça, c'est trop fort !

AMANDA : *(se recoiffant)* Qu'est-ce que j'ai dit de si fort ?

ELIOT : Aucune magie, aucune sensualité, aucun romantisme.

AMANDA : Écoute chéri, le romantisme quand j'ai l'estomac qui gargouille et que tu t'appuies dessus...

ELIOT : Très bien. Très bien. Mort de romantisme. Mort par K.O. Paix à son âme.

Il sursaute.

ELIOT : C'est toi qui as fait ce bruit ?

AMANDA : Quel bruit ?

ELIOT : Ce bruit de perroquet qui se gargarise.

AMANDA : *(touchant son estomac)* Cuisine française, mon chéri.

ELIOT : *(se moquant d'elle)* Non mais tu continues ! Je rêve ! C'est un concert.

Il se met à rire d'elle. Elle se vexe.

AMANDA : Quel goujat ! Arrête de te moquer ! Éloigne-toi !

ELIOT : *(tordu d'hilarité)* Et ça continue... Oh, ma chérie, c'est pourtant vrai que tu as une vie intérieure très riche.

AMANDA : *(reprenant son souffle)* Voilà, c'est passé.

Eliot allume une cigarette.

AMANDA : Donne-m'en une, veux-tu ?

ELIOT : *(de mauvaise grâce)* Voilà.

AMANDA : Du feu ?

ELIOT : *(agacé)* Deux secondes, tu peux tenir ?

AMANDA : Quelle galanterie !

ELIOT : *(lui lançant le briquet)* Tiens.

AMANDA : *(froidement)* Merci beaucoup.

Le silence s'installe entre eux.

ELIOT : « Pas sur la digestion ! » Non mais je cauchemarde. Tu n'as aucun tact.

AMANDA : Et toi aucun respect.

ELIOT : « Pas sur la digestion » !

AMANDA : Oui. Je n'aime pas faire l'amour quand je digère.

ELIOT : Ce genre de remarque relève d'un esprit vulgaire !

AMANDA : Tu pestes parce que ta vanité en a pris un coup.

ELIOT : Ma vanité ?

AMANDA : Tu ne supportes pas qu'on te dise non.

ELIOT : Disons qu'il y a des manières plus élégantes de refuser.

AMANDA : Ttt... ttt... La manière n'y est pour rien. Tu te crois tellement irrésistible que tu ne tolères aucun obstacle.

ELIOT : Pas les obstacles gastriques. Dans les spectacles de grande passion, on n'a jamais vu les personnages de Racine se repousser pour pouvoir digérer à leur aise.

AMANDA : Écoute, dans Racine, s'ils ne digèrent jamais, ils ne couchent pas non plus, je te signale.

ELIOT : Finement noté.

AMANDA : Tu ne supportes pas qu'à certains moments, nos machins trucs crochus ne fusionnent pas comme dans d'autres.

ELIOT : Nos machins trucs crochus, on croirait entendre un âne.

AMANDA : *(se corrigeant avec vigueur)* Nos atomes crochus ! Nos atomes décrochent ! Et quitte ce ton supérieur avec moi !

ELIOT : Écoute, Amanda, je ne suis peut-être pas un génie, mais appeler machins trucs crochus les...

AMANDA : Amanite phalloïde ! Chéri ! Amanite phalloïde !

ELIOT : Il ne suffit pas de...

AMANDA : Amanite phalloïde ! Attention, danger ! Champignon mortel ! Hécatombe à l'horizon ! Amanite phalloïde.

Ils demeurent un moment face à face, puis Amanda se jette sur le sofa et enfouit sa tête dans les coussins.

Eliot la regarde. Il décide d'aller s'asseoir au piano et commence à jouer, lentement, doucement. Amanda redresse la tête, se retourne et l'écoute.

Après lui avoir envoyé muettement, des lèvres, un baiser, Eliot joue avec plus de précision l'air de leur rencontre et chantonne les paroles en la fixant avec tendresse.

AMANDA : Cette mélodie, voilà un bon aliment pour le romantisme.

ELIOT : *(souriant)* Très digeste. Ça glisse tout seul. L'extase est au bout du refrain…

Il module joliment au piano. Amanda le rejoint et chante avec lui.

VICTOR ET AMANDA :

Peut-être est-ce bien lui,
Peut-être n'est-ce pas lui,
L'amour qui m'attendait depuis toujours.
Peut-être n'est-ce qu'un frisson
Ou bien la vraie passion
Qui a rendu ce soir mon cœur si lourd.
Je voudrais stopper le cours du temps
Tout figer en cet instant
Car là je sais vraiment :
Ma vie est avec toi
Et pas sans toi.
Peut-être est-ce bien toi,
Peut-être n'est-ce pas toi,
L'amour qui m'attendait depuis toujours.
Avec toi ?…
Ou sans toi ?…

Pendant qu'ils interprètent le duo de leur rencontre, elle se glisse très près de lui sur la banquette et appuie sa tête sur son épaule. Il joue avec de moins en moins de notes, laisse mourir les accords pour la serrer dans ses bras.

ELIOT : Tu es la femme la moins ennuyeuse de l'univers.

AMANDA : Mon chéri…

De ses doigts, elle effleure la bouche d'Eliot.

ELIOT : Tu peux faire ce que tu veux, ma chérie, repeindre la tour Eiffel en vert pomme, te raser le crâne, danser nue place Vendôme, te pendre au cou de tous les hommes du monde, du moment que c'est moi que tu préfères.

Amanda : Merci. Tu peux faire aussi ce que tu veux. À cette exception près que si ton regard s'attarde sur une femme, je te tue.

Eliot : *(amusé)* Tu te rappelles l'horrible scène que tu m'as faite à Venise ?

Amanda : Laquelle en particulier ?

Eliot : Le serpent que tu avais mis dans mon lit.

Amanda : Le serpent ? Il était en bois, une sculpture de toute beauté.

Eliot : J'ai trouvé la farce mauvaise. Je l'ai jeté par la fenêtre dans le Grand Canal.

Amanda : Si tu savais combien je l'avais payé !

Eliot : Combien de temps as-tu boudé ? Quarante-huit heures ?

Amanda : Quarante-huit heures ? Si tu savais quel tarif cela faisait à l'heure… *(Elle se remet.)* Et à Venise, la fois où le personnel de l'hôtel a défoncé notre porte et nous a trouvés en train de nous battre sur le tapis ?

Ils rient.

Amanda : Pourquoi était-ce ? Je ne m'en souviens même plus.

Eliot : Je m'en souviens très bien. À cause de Peter Burden.

Amanda : Ah oui, tu t'étais imaginé je ne sais quoi.

Eliot : Il était amoureux de toi. Tu pourrais au moins le reconnaître.

Amanda : Peut-être. Un peu. Rien de sérieux.

Eliot : Il t'offrait des bijoux.

Amanda : Son père les fabriquait.

Eliot : N'empêche. Tu n'aurais pas dû les accepter.

Amanda : On ne peut pas toujours dire non.

Eliot : Si ! Il te les donnait en échange de quoi, d'ailleurs ?

Amanda : De rien. Si, d'un merci.

Eliot : Oui, oui… Il faudrait te croire ?

Amanda : Un homme qui donne tant et qui demande si peu, c'est troublant, je le reconnais.

Eliot : Tu t'étais laissée embrasser, tu me l'avais avoué.

Amanda : Et puis après ?

Eliot : Et puis après !

Amanda : Ça lui a fait très plaisir et ça ne m'a pas beaucoup coûté. Je m'en suis remise, tu sais, de mon unique baiser avec Peter Burden. *(Amusée.)* Et j'ai toujours les bijoux.

Eliot : Et moi ? Est-ce que tu as pensé à moi, à ce moment-là ?

AMANDA : Oui, figure-toi, je n'ai pensé qu'à toi et c'est pour cela que je n'avais pas dépassé le petit baiser. Tu devrais être content, non ?

ELIOT : En fait, je suis ravi.

AMANDA : Cette conversation me tape sur les nerfs.

ELIOT : Moi aussi. *(Il va jusqu'à la table.)* Veux-tu un cognac ?

AMANDA : Non, merci.

ELIOT : Moi, je m'en sers un petit.

AMANDA : Tu en as déjà pris deux, ça ne te suffit pas ?

ELIOT : Ils étaient minuscules.

AMANDA : Tu devrais te contrôler.

ELIOT : *(se versant un plein verre de cognac)* Tu ne vas pas prétendre que quelqu'un qui prend trois verres au cours d'une soirée est incapable de se contrôler.

AMANDA : Il y a des pentes glissantes.

ELIOT : Cesse de jouer les vertueuses uniquement parce que tu n'as pas soif.

Amanda décide de ne pas polémiquer davantage. Elle sort un petit miroir de son sac, s'y regarde d'un œil critique puis se remaquille avec une certaine rage.

ELIOT : Tu sors ?

AMANDA : Non, je me rends désirable pour toi.

ELIOT : Prends ton temps. Attends la fin de ta digestion.

AMANDA : Prends un quatrième cognac, ça te rendra peut-être moins désagréable.

ELIOT : Si ça marche, je te conseille d'avaler la bouteille.

AMANDA : Je ne vais pas t'ôter le biberon de la bouche.

ELIOT : Et ça pique ! Ça pique ! Ça pique ! Une vraie vipère.

AMANDA : Les vraies vipères ne piquent pas, elles mordent.

ELIOT : Pas du tout. Elles ont une petite poche de venin derrière leurs crochets et elles piquent.

AMANDA : Elles mordent !

ELIOT : Elles piquent !

AMANDA : Je m'en fous ! Elles peuvent aboyer ou danser la kasatchok, je m'en fous !

ELIOT : *(après une courte pause)* Tu l'as revu souvent, Peter Burden, après notre divorce ?

AMANDA : Assidûment. On ne se quittait plus.

ELIOT : Et j'imagine que vous avez alors dépassé le stade du baiser unique.

AMANDA : Occupe-toi de tes affaires !

ELIOT : Tu as dû t'en donner à cœur joie. *(Il se met à tourner dans la pièce.)* Sans retenue. De la retenue, d'ailleurs, tu n'en as jamais eue.

AMANDA : Tu deviens insupportable. Tu es saoul.

ELIOT : Pas du tout.

AMANDA : Tu ne tiens pas l'alcool.

ELIOT : Trois dés à coudre de cognac ! Il n'y a même pas de quoi rendre pompette un enfant de deux ans.

AMANDA : Pas du tout. Un seul verre de cognac suffirait à saouler violemment un enfant de deux ans.

ELIOT : Passionnant. Et un enfant de quatre ans ? Un enfant de six ans ? Un enfant de neuf ans ?

AMANDA : La ferme.

ELIOT : Tu as des statistiques ? Ça m'a toujours intrigué, tu sais, les gamins alcooliques.

AMANDA : Tu es sinistre. Tu ferais mieux de boire plus.

ELIOT : Bonne idée. *(Avec un air crâne, il se verse un verre et le boit cul sec.)*

AMANDA : Pauvre type !

ELIOT : Pardon ?

AMANDA : J'ai dit : pauvre type !

ELIOT : *(avec beaucoup de dignité)* Merci.

Un silence. Amanda se lève et met un disque.

ELIOT : Ah non ! Arrête ça.

AMANDA : *(froidement)* Pourquoi ?

ELIOT : Il est tard et ça va déranger les voisins.

AMANDA : Il n'y a pas de voisins. Nous sommes entourés de bureaux.

ELIOT : Et la concierge ?

AMANDA : Retournée au Portugal.

ELIOT : Le Portugal ? En cette saison ? Quelle drôle d'idée !

Il arrête la musique.

AMANDA : *(glaciale)* Rallume, s'il te plaît.

ELIOT : Jamais.

AMANDA : Très bien.

Elle se lève et remet la musique.

ELIOT : Arrête ça. Cette musique me rend dingue.

AMANDA : Ça date d'avant, si tu veux mon avis.

ELIOT : *(menaçant)* Éteins.

AMANDA : *(dure)* Non.

ELIOT : Éteins.

AMANDA : Non.

ELIOT : Pour la dernière fois, Amanda, je te demande d'arrêter la musique.

AMANDA : Non.

Eliot se rue sur l'électrophone. Amanda essaie de protéger l'appareil. Ils luttent en silence. Puis l'aiguille raye le disque.

AMANDA : Bravo ! Très malin ! Il est rayé ! *(Elle l'examine.)* Fichu.

ELIOT : Bien fait.

AMANDA : Sale brute ! C'était mon disque préféré.

Eliot est soudain pris de remords.

ELIOT : Amanite phalloïde. Amanda, ma chérie, pardonne-moi. Amanite phalloïde !

AMANDA : *(furieuse)* Phalloïde toi-même. Mon disque est foutu !

Elle lui casse le disque sur la tête.

ELIOT : Punaise !

Il la gifle. Horrifiée, elle se jette sur le canapé pour protéger son visage dans les coussins.

AMANDA : Oh... Oh... Oh...

ELIOT : Amanda ! Pardon ! C'est parti tout seul ! Malgré moi !

AMANDA : Je te déteste ! Va-t'en ! Va-t'en ! Va-t'en ! Je ne veux plus te voir.

Eliot s'agenouille près d'elle devant le canapé.

ELIOT : Amanda, écoute-moi.

Amanda lui retourne une violente claque.

AMANDA : Sadique !

ELIOT : Très bien.

Outragé, il se lève et se dirige vers la porte. Elle saisit les coussins et les lance sur lui. Vases et lampes sont brisés au passage. Il ricane.

ELIOT : Oh, que j'ai peur ! Mon Dieu que j'ai peur !

AMANDA : Je t'interdis de ricaner.

ELIOT : C'est tordant pourtant, tu es tellement ridicule.

AMANDA : Chameau !

Elle se jette sur lui. Il lui saisit les poignets. Ils luttent. Il la maîtrise et la maintient, frémissante de fureur.

AMANDA : Tu me dégoûtes ! Je te hais ! Tu n'es qu'un crétin prétentieux qui se prend pour un caïd.

ELIOT : Et toi, tu n'es qu'une cochonne lascive, méchante et totalement invivable ! Je ne veux plus jamais te revoir, tu m'entends, jamais plus.

Il la jette au loin. Elle trébuche, s'étale.

AMANDA : Alors cette fois-ci, c'est la fin !

Ils se regardent en haletant.

Elle se lève avec un calme éprouvant.

AMANDA : C'est fini ! Fini !

Elle marche jusqu'à la porte qui donne sur le palier et l'ouvre.

Il se jette sur elle afin de la retenir.

ELIOT : Tu ne pars pas comme ça.

AMANDA : Oh que si !

ELIOT : Pas sans ma permission !

AMANDA : C'est moi qui décide !

ELIOT : C'est moi qui décide.

AMANDA : Trop tard. Je l'ai décidé avant. Lâche-moi.

ELIOT : Non. C'est moi qui pars.

AMANDA : Non, c'est moi.

ELIOT : Moi !

AMANDA : Moi !

ELIOT : Moi !

Ils luttent. Plusieurs lampes et objets sont brisés et jetés à terre.

AMANDA : Tu es méchant comme une gale. Quand je pense que je l'avais oublié ! Mais tu ne peux pas cacher ton jeu longtemps ! Moi, revivre avec toi ? Plutôt crever, oui !

ELIOT : *(en même temps)* Tais-toi. Tais-toi ! Même si tu me suppliais, je ne t'épouserai pas ! Garce ! Serpent !

Ils trébuchent sur le tapis et tombent, continuant à se frapper en roulant au sol.

Victor et Sibylle entrent alors par la porte ouverte et découvrent la scène avec horreur.

Amanda se libère et parvient à se relever. Eliot la rattrape par la jambe. Pour résister à la chute, elle fait tomber une table.

AMANDA : *(hurlant)* Brute ! Sale brute !

Elle se jette sur Eliot qui est en train de se relever et lui envoie de toutes ses forces une gifle formidable qui le renverse de nouveau.

Sur ce, elle se rue comme une folle dans la chambre de gauche et claque la porte derrière elle.

Eliot se relève aussitôt et bondit s'enfermer dans la pièce de droite dont il claque également la porte.

Victor et Sibylle avancent dans la pièce sur la pointe des pieds et s'effondrent dans le canapé.

Le rideau tombe.

Acte III

Même décor le lendemain matin vers 8 heures 30.
Victor et Sibylle dorment profondément. Ils ont tiré les deux sofas, le premier devant la porte d'Amanda, le deuxième devant celle d'Eliot, empêchant leurs conjoints de partir sans devoir les réveiller.
La pièce montre un désordre absolu.
Au lever du rideau, on entend une clé tourner dans la serrure. Louise, la bonne, entre. Son air naturel d'abrutie est accentué par son rhume qui l'empêche de fermer la bouche. Elle porte un filet à provisions avec, entre autres, une longue flûte de pain et une salade.
Après avoir refermé la porte, comme elle n'a pas remarqué le chaos qui règne dans l'appartement, elle trébuche sur un meuble et culbute spectaculairement, faisant plusieurs roulés-boulés de gymnaste, avant de se trouver, miraculeusement rétablie sur ses pieds, face au public.
Elle ouvre alors les rideaux et pousse un cri d'horreur en voyant l'état de la pièce. Cela ne réveille pas pour autant Sibylle et Victor, épuisés.
Louise les examine avec curiosité puis se décide à secouer Sibylle par l'épaule.

SIBYLLE : Aïe aïe aïe…

LOUISE : *(enrhumée)* Ponchour, Badabe.

SIBYLLE : Quoi ?

LOUISE : Gu'est-ze-gue bous faites là, badabe ?

SIBYLLE : Comment ? Quoi ? Attendez un instant. *(Elle réveille Victor.)* Victor, s'il vous plaît.

VICTOR : *(sursautant).* Quoi ? *(Il voit Louise.)* Ah, mon Dieu.

LOUISE : Ponchour, bonzieu. Gu'est-ze qui z'est basé, izi ?

Victor, ne comprenant pas, se tourne vers Sibylle.

SIBYLLE : Quelle est la langue que parle cette indigène ?

VICTOR : Je ne vois pas.

LOUISE : Bais ze zuis françaize... Be suis de Baris. De Bedilbontant (Ménilmontant).

VICTOR : Bien sûr, bien sûr. *(À Sibylle.)* Je ne comprends rien.

LOUISE : Bedilbontant !

VICTOR : Mais je suis bien d'accord, Bédilbontant.

LOUISE : Don ! Pas Bedilbontant. Bais Bédilbontant.

VICTOR : Oh là, là, voilà qu'elle s'énerve en plus ! *(Avec un grand sourire.) Do you speak english ?*

LOUISE : *(exaspérée)* Tant pis. Ze hais dans ba couizine !

Elle disparaît dans l'office.

SIBYLLE : Bédilbontant, je crois que c'est une île, près de la Guadeloupe.

VICTOR : Ah oui ? Pourtant elle n'est pas noire.

SIBYLLE : Certains Noirs ont la peau très légèrement pigmentée.

VICTOR : *(avec détermination)* Nous devons les réveiller.

Il se dirige vers la porte d'Amanda.

SIBYLLE : Non, une seconde.

VICTOR : Quoi ?

SIBYLLE : *(plaintive)* Je ne suis pas prête à me trouver en face d'eux, pas encore.

VICTOR : Rappelez-vous votre promesse : nous réglons ce problème avant de repartir en Angleterre.

SIBYLLE : Oui, mais je suis tellement fatiguée. Ça fait des jours et des jours que je ne ferme plus l'œil.

VICTOR : Moi non plus.

SIBYLLE : Vous vous rendez compte ? Hier soir, si nous n'étions pas entrés à ce moment-là, ils se seraient entretués.

VICTOR : Je le crois.

SIBYLLE : Moi aussi.

VICTOR : Je pense qu'ils étaient ivres.

SIBYLLE : C'était elle qui le frappait.

VICTOR : Il l'avait probablement frappée avant.

SIBYLLE : Sans doute. Oh, je n'ai jamais imaginé qu'on pouvait se comporter comme cela ! C'est dégoûtant ! Dégradant. Qu'Eliot puisse…

Elle fond en larmes.

VICTOR : Au fond, vous l'avez échappé belle.

SIBYLLE : Oui. Nous l'avons, tous les deux, échappé belle.

Amanda ouvre sa porte et jette un œil dans le salon afin de vérifier qu'Eliot ne s'y trouve pas. Vêtue d'un tailleur de voyage, elle tient une valise à la main et s'apprête à partir. Elle sursaute en découvrant Victor et Sibylle.

AMANDA : Ah… Bonjour. Comment allez-vous ?

VICTOR : *(avec un reproche infini dans la voix)* Oh, Amanda…

AMANDA : Victor, veux-tu bien bouger ce canapé, sinon je ne pourrai jamais passer.

Victor déplace le divan. Amanda ouvre complètement la porte et passe dans le salon.

Sans perdre une seconde, elle se dirige vers la sortie.

VICTOR : Où vas-tu ?

AMANDA : Je m'en vais.

VICTOR : Mais enfin, tu ne peux pas !

AMANDA : Pourquoi ça ?

VICTOR : J'ai à te parler.

AMANDA : *(lasse)* À quoi bon ?

VICTOR : Je dois absolument te parler.

AMANDA : Ça ne me paraît pas très judicieux.

Elle pose sa valise sur le pas de porte et revient vers Victor.

VICTOR : Ma chérie, je…

Amanda l'interrompt immédiatement, résolue à se comporter en hôtesse de maison idéale.

AMANDA : Je suppose que vous êtes Sibylle. Enchantée, j'ai beaucoup entendu parler de vous.

Sibylle, vexée, lu tourne le dos.

AMANDA : Si vous vous conduisez ainsi, pourquoi êtes-vous venue ?

SIBYLLE : C'est Eliot que je veux voir.

AMANDA : Je ne vais certainement pas vous empêcher ; vous devriez le trouver derrière cette porte, sans doute étendu sur le sol, en plein coma éthylique.

VICTOR : Tout ceci est très désagréable, Amanda.

AMANDA : Je suis bien d'accord. C'est pourquoi je veux partir.

VICTOR : Ne sois pas lâche. Nous devons parler.

AMANDA : Très bien, mais pas avant d'avoir mangé quelque chose car je me sens un peu faible. Louise est-elle arrivée ?

VICTOR : La guadeloupéenne ?

AMANDA : Pardon ?

VICTOR : La femme de Bedilbontant ? La négresse blanche ?

AMANDA : Je te parle de la bonne...

VICTOR : Elle est à la cuisine.

Amanda s'éloigne.

AMANDA : Vous prendrez certainement un café avec moi ? Excusez-moi un instant, je reviens.

Amanda disparaît.

Sibylle explose de rage.

SIBYLLE : Non, mais quel toupet ! Elle se conduit comme si de rien n'était. Ça me suffoque.

Eliot ouvre alors la porte et voit Sibylle et Victor dans le salon.

ELIOT : Oh, merde !

Il referme la porte rapidement.

Sibylle se jette sur le battant et frappe à grands coups.

SIBYLLE : Eliot ! Eliot ! Eliot !

ELIOT : Non. Va-t'en !

Sibylle tombe sur le sofa en sanglotant.

VICTOR : Reprenez-vous, Sibylle, vous devez absolument vous contrôler.

SIBYLLE : Je n'y arrive pas... Je n'y arrive pas...

Amanda revient dans le salon.

AMANDA : Et voilà ! On nous apporte sous peu du café et des croissants. Je vous prie d'excuser le désordre de cette pièce.

Elle ramasse un coussin, le replace sur le canapé et disparaît dans sa chambre, fuyant Sibylle qui sanglote.

Eliot ouvre la porte et pousse le canapé sur lequel pleure Sibylle, ce qui la fait tomber. Sans rien remarquer, il avance vers la sortie, une valise et un manteau sous le bras.

SIBYLLE : Où vas-tu ?

ELIOT : Au Canada.

SIBYLLE : Tu ne peux pas partir comme ça !

ELIOT : J'achèterai là-bas des vêtements plus épais.

VICTOR : Vous devez quelques explications à Sibylle, il me semble.

ELIOT : Tiens ! Bonjour, monsieur, nous n'avons pas encore été présentés. Ravi de vous avoir connu.

SIBYLLE : Reste, je t'en supplie.

ELIOT : Bien. Si tu insistes. *(Il pose sa valise.)* Si Louise est arrivée, je vais lui demander du café.

Il se dirige vers la cuisine. Victor l'arrête

VICTOR : Inutile… Ma f… Votre f… Amanda s'en est occupée.

ELIOT : Ah, cette chère vieille Amanda a émergé. Quelle femme d'intérieur ! Regardez comme elle tient son appartement parisien. Une véritable fée du logis. Lorsqu'elle surgira avec un plateau, attachez vos ceintures.

VICTOR : *(avec sérieux)* Qu'allons-nous faire ?

ELIOT : Je n'en sais rien.

SIBYLLE : *(avec flamme)* Je n'ai jamais rien vécu d'aussi désagréable. Je me sens salie comme si des puces me couraient sur la peau.

ELIOT : C'est peut-être le cas. On est très sale dans la famille d'Amanda et ce canapé est là depuis plusieurs générations.

VICTOR : Arrêtez avec votre humour de merde, sinon je vous défonce la gueule.

ELIOT : *(levant le sourcil)* Il ne vous est jamais venu à l'esprit que l'humour permettait de masquer un réel embarras ?

VICTOR : Dans votre cas, c'est faire preuve de mauvais goût.

ELIOT : De moins bon goût que vos insultes ? Sans doute. Mais comme notre situation n'a été prévue dans aucun manuel de savoir-vivre, je m'en tiendrai à ma ligne habituelle et continuerai dans l'humour.

SIBYLLE : Oh, Eliot, comment peux-tu …

ELIOT : Je suis désolé, Sibylle, profondément désolé.

VICTOR : Un peu facile, non ?

ELIOT : Non, monsieur, se sentir désolé n'est pas facile du tout, extrêmement difficile même pour quelqu'un comme moi qui n'a pas pour habitude de regretter ce qu'il fait. C'est une exception rare et notable, à marquer d'une pierre blanche. J'aimerais que vous l'appréciiez donc à sa juste valeur.

SIBYLLE : Je ne te pardonnerai jamais, jamais, tant de cruauté…

ELIOT : Je saisis très bien ta façon de voir et, comme je le disais à l'instant, je suis désolé.

Nouveau silence. Amanda revient. Visiblement, elle a décidé de se comporter de façon très mondaine.

AMANDA : Comment ? Le petit déjeuner n'est toujours pas là ? Décidément, le service en France est d'une lenteur ! *(Elle sourit.)* C'est une matinée divine, non ? Et cet appartement, n'a-t-il pas un point de vue céleste ? Quant à la situation dans Paris…

ELIOT : *(l'interrompant froidement)* J'hésite entre paradisiaque et sublimissime.

AMANDA : Avez-vous remarqué dans la cour cette fontaine… ?

ELIOT : *(soufflant)* …azuréenne…

AMANDA : … qui gazouille continuellement.

ELIOT : Plus exactement, elle fait « polopolopolopolo ». Très agréable cette nuit. « Polopolopolopolo. » Pas moyen de fermer l'œil. « Polopolopolopolo. » Édénique ! N'est-ce pas, Amanda ?

AMANDA : Je te conseille de m'ignorer autant que je t'ignore.

ELIOT : Avec plaisir.

AMANDA : Pour ma part, je compte ne plus jamais t'adresser la parole de ma vie.

ELIOT : Si tu étais capable d'y parvenir, j'en serais le premier ravi.

AMANDA : J'ai été élevée dans un monde où les hommes n'avaient pas coutume de battre les femmes.

ELIOT : Erreur regrettable. Certaines femmes doivent être régulièrement battues, comme des tapis.

AMANDA : Tu n'es qu'une brute.

ELIOT : Et toi, une garce !

AMANDA : Une bête !

ELIOT : Une vicieuse !

VICTOR : Vous voulez bien la fermer, espèce de salaud ?

ELIOT : Oh, vous, le cocker, mêlez-vous de ce qui vous regarde.

VICTOR : Je ne laisse pas insulter ma femme !

ELIOT : Et moi, je dis ce que je veux à ma femme qui se trouve, en plus, être ma maîtresse, espèce de diminué du bulbe !

Ils vont se battre. Sibylle s'interpose.

SIBYLLE : Stop ! Stop ! Ça ne sert à rien de se battre.

Victor et Eliot la repoussent.

SIBYLLE : Vous ne pouvez pas m'aider, vous ?!

AMANDA : Qu'ils se battent s'ils en ont envie… *(Attrapant Sibylle par le bras.)* Venez dans ma chambre, ma chère, vous n'avez pas l'air très fraîche, un brin de toilette vous ferait du bien.

SIBYLLE : Non, je…

AMANDA : *(la prenant fermement par la main)* Venez.

Amanda s'enferme dans sa chambre avec Sibylle, laissant les deux hommes se toiser de façon menaçante.

VICTOR : *(avec hargne)* Eh bien ?

ELIOT : Eh bien quoi ?

VICTOR : Retirez-vous vos insultes sur Amanda ?

ELIOT : Bien sûr. Je retire tout ce que vous voulez, du moment que vous cessez de hurler.

VICTOR : *(avec mépris)* Parce que, en plus, vous êtes lâche !

ELIOT : *(à voix basse)* N'avez-vous pas compris qu'elles veulent que nous nous battions. Elles ont l'oreille collée derrière la porte. Les mâles en guerre, ça les excite.

VICTOR : Pensez-vous que je vais gober ça ? Vous vous croyez très intelligent, n'est-ce pas ?

ELIOT : Plus que vous, en tout cas. Mais ça n'a rien d'un exploit.

VICTOR : *(violemment)* Quoi ?

ELIOT : Oh, s'il vous plaît, asseyez-vous !

VICTOR : Comportez-vous comme un homme, nom de Dieu !

ELIOT : Libre à vous d'appeler virilité cette exaltation de bon aloi, mais moi, je m'assois. Avant mon café, je ne sens aucune disposition pour ce type de virilité. Cela dit, si vous ne voyez vraiment pas d'autre solution, je veux bien retirer ma veste et vous taper sur la gueule.

VICTOR : Ça me ferait plaisir.

ELIOT : À votre service. Allons-y. Et que ça saigne !

Eliot retire sa veste.

VICTOR : Vous croyez vraiment qu'elles veulent que nous nous battions ?

ELIOT : Beaucoup plus que nous.

VICTOR : Pourquoi ?

ELIOT : Ça flatte leur vanité.

VICTOR : Aimez-vous Amanda ?

ELIOT : Est-ce une bataille ou un débat ?

VICTOR : Répondez !

ELIOT : Si c'est un débat, je remets ma veste. Il ne fait pas si chaud que ça.

Il s'assoit et allume une cigarette.

VICTOR : Eh bien ? Aimez-vous Amanda ?

ELIOT : *(sur le ton de la confidence)* Pas beaucoup ce matin. Pour être tout à fait franc, je lui tordrai même le cou avec volupté. Et vous, vous l'aimez ?

VICTOR : Le problème n'est pas là.

ELIOT : Si, justement.

VICTOR : J'ai l'intention de demander le divorce en vous citant comme complice d'adultère.

ELIOT : Très bien.

VICTOR : Sibylle fera de même avec vous. J'espère qu'aucun de vous deux n'aura l'audace de nier.

ELIOT : Sûrement pas.

VICTOR : Plus vite vous vous remarierez, Amanda et vous, plus vite nous pourrons oublier, Sibylle et moi.

ELIOT : Je n'ai pas du tout l'intention d'épouser Amanda.

VICTOR : Pardon ?

ELIOT : Elle a un caractère de cochon.

VICTOR : Vous auriez pu vous en rendre compte plus tôt.

ELIOT : Je m'en étais rendu compte mais j'avais oublié.

VICTOR : Vous êtes obligé de l'épouser.

ELIOT : Plutôt épouser une mygale !

VICTOR : *(avec colère)* Écoutez, j'en ai par-dessus la tête de vos changements d'avis. Je ne comprends pas pourquoi je ne vous ai pas explosé la figure.

ELIOT : *(avec une brusque violence)* Pourquoi ? Parce que vous n'avez pas la moindre étincelle d'intelligence ni de virilité en vous. Vous n'êtes qu'une baudruche vide, voilà pourquoi.

Eliot part dans sa chambre et claque la porte, laissant Victor hors de lui.

Au bruit de la porte, Amanda et Sibylle reviennent.

AMANDA : Que se passe-t-il ?

VICTOR : *(sombre)* Rien.

AMANDA : Où est-t-il ?

Victor : Dans sa chambre.

Sibylle : Dans quel état, mon Dieu ?

Victor : Tout à fait normal.

Amanda : Et toi ?

Victor : Tout à fait normal aussi.

Amanda toise Victor avec mépris.

Amanda : Quoi ? Si tu étais seulement la moitié de l'homme que je croyais, Eliot serait dans l'ambulance.

Sibylle : Il faudrait voir : Eliot est plus fort que Victor.

Amanda : *(avec rage)* Qu'on me le prouve ! Qu'ils me le prouvent ! Tous les deux ! Je veux que ça saigne !

Sibylle : Ce que vous êtes agressive ! Je commence à plaindre Victor, à me demander s'il est tellement coupable.

Amanda : Pardon ?

Sibylle : Vous avez un caractère épouvantable !

Amanda : Vous, vous êtes délicieuse, vraiment délicieuse, et pourtant – c'est étrange – personne n'en veut !

Sibylle : Oh ! En tout cas, lorsque je vous vois, je suis très contente d'être ce que je suis !

Amanda : Une dinde ?

Sibylle : Oh !

Amanda : Allez donc rejoindre Eliot, cette poule mouillée, derrière la porte : entre volailles, vous vous sentirez en famille.

Sibylle : Eh bien, parfaitement, j'y vais. Après tout, c'est mon mari. *(Elle frappe à la porte.)* Eliot ! Eliot !

Eliot : *(de l'intérieur)* Quoi ?

Sibylle : Laisse-moi entrer, je t'en prie, je veux te parler.

Amanda : Si c'est ça, une femme respectable, je souhaite ne jamais le devenir.

Sibylle : Rassurez-vous, votre réputation vous en empêchera.

Amanda : *(agacée)* Crève !

Lorsqu'Eliot ouvre la porte, Sibylle se précipite, effrayée, dans la chambre. La porte se referme.

Amanda regarde Victor.

Amanda : Victor ?

Victor : *(sans se retourner)* Quoi ?

AMANDA : Rien.

Elle tente de bouger un des canapés ; Victor se retourne, la voit et va l'aider à le remettre en place.

AMANDA : Merci.

VICTOR : Tout le plaisir était pour moi.

Amanda tente de se calmer.

VICTOR : Amanda, tu as dû avoir un moment de folie.

AMANDA : C'est aussi mon avis.

VICTOR : Avais-tu bu, hier soir ?

AMANDA : Pas une goutte.

VICTOR : Et Eliot ?

AMANDA : Des litres.

VICTOR : Buvait-il lorsque vous étiez mariés ?

AMANDA : Pendant trois ans, je ne l'ai connu que saoul le soir et affligé d'une gueule de bois le matin.

VICTOR : T'a-t-il frappée hier soir ?

AMANDA : Plusieurs fois. *(Soudainement gentille.)* Oh, Victor, je m'en veux tellement de t'avoir tant déçu, de m'être conduite comme un monstre. Je ne comprends même pas ce qui s'est emparé de moi, je n'ai aucune excuse, mais j'ai honte de t'avoir rendu si malheureux.

VICTOR : Amanda, je ne comprends pas non plus. Cela ne te ressemble pas.

AMANDA : Si, cela me ressemble, c'est là le problème. Je n'aurais jamais dû t'épouser. Je ne suis pas un cadeau.

VICTOR : Là, je ne te contredirai pas.

AMANDA : Oui, continue, accuse-moi, accable-moi, je le mérite.

VICTOR : Je ne suis pas venu t'accuser.

AMANDA : Pourquoi es-tu venu ?

VICTOR : Pour savoir ce que tu attends de moi.

AMANDA : Demande le divorce. Je ne ferai aucune difficulté. J'accepterai tout. Ensuite, je partirai loin, très loin, au Maroc, à Tunis, en Inde, quelque part où l'on m'oubliera, où j'attraperai une maladie terrible, le choléra, la lèpre probablement, où je mourrai, enfin, à même le sol, au fond d'une cour, sans soins, sans secours, toute seule... *(Elle renifle, bouleversée.)*

VICTOR : Arrête de t'apitoyer sur toi-même.

AMANDA : On n'est jamais si bien servi que par soi-même. *(Essuyant ses larmes.)* Je n'ai aucun principe : Sibylle a raison.

VICTOR : Sibylle est une dinde.

AMANDA : *(soudain joyeuse)* Ça, c'est vrai. À ton avis, pourquoi Eliot l'a-t-il épousée ?

VICTOR : Est-ce que tu aimes Eliot ?

AMANDA : Elle est tellement insignifiante, de l'eau tiède !

VICTOR : Amanda !

AMANDA : Oui ?

VICTOR : Tu ne m'as pas répondu.

AMANDA : J'ai oublié la question.

VICTOR : Est-ce que tu aimes Eliot ?

AMANDA : Non, je le déteste. Il m'attire mais je le déteste.

VICTOR : Qu'est-ce qui t'attire en lui ? Il est odieux !

AMANDA : Odieux !

VICTOR : Alors ?

AMANDA : Inexplicable ... Ça doit relever de la chimie ou de la physique, les atomes crochus, la mécanique des fluides, la quantique des gaz... Un truc incompréhensible, en tout cas ! *(Elle tend la main à Victor.)* Pardonne-moi, Victor, j'espère un jour que nous pourrons être amis. Au revoir, Victor.

VICTOR : *(lui serrant la main par réflexe)* Tu comptes l'épouser ?

AMANDA : Ah non ! Autant épouser un boa constrictor !

VICTOR : Mais je ne peux pas te laisser entre les mains d'un homme qui boit et qui te frappe.

AMANDA : Bah, ne t'en fais pas, je suis résistante, je m'en sortirai bien toute seule, je m'en tire toujours.

VICTOR : Il y a deux minutes, tu parlais d'aller mourir en Inde.

AMANDA : J'ai changé d'avis, ce n'est pas la bonne saison pour l'Inde. J'ai entendu dire qu'il y avait un très joli hôtel à Amalfi, au sud de l'Italie.

Victor la regarde et dit avec émotion :

VICTOR : Amanda, je t'ai épousée parce que je t'aimais.

AMANDA : *(plaintive)* Non, arrête.

VICTOR : Je t'aime encore. Un sentiment aussi fort ne disparaît pas en quelques jours.

Amanda : Je t'en supplie…

Victor : *(avec douceur)* Toi, tu ne m'as jamais aimé.

Amanda : *(sincère)* Je croyais t'aimer, tu sais.

Victor : Oui, je sais. *(Un temps.)* Si tu veux, je ne demanderai pas le divorce. *(Amanda reste interloquée.)* Nous pourrons vivre séparément jusqu'à ce qu'Eliot et Sibylle aient divorcé. Après, pour nous, nous verrons…

Amanda : *(bouleversée)* C'est… C'est très généreux de ta part…

Victor : *(très amoureux)* Tu crois ?

Sibylle et Eliot sortent de la chambre. Un court silence gêné.

Sibylle : *(triomphalement, en direction d'Amanda)* Eliot et moi, nous avons pris une décision : nous ne divorçons plus.

Amanda : *(pincée)* Mes félicitations.

Eliot : Sibylle a été magnifique.

Amanda : Comme quoi il ne faut pas désespérer : tout arrive !

Louise apparaît avec un grand plateau sur lequel sont posés tasses, cafetière, beurre, confiture et croissants.

Elle se prend de nouveau les pieds dans un meuble et fait encore une cascade extraordinaire avant de poser son plateau, sous les yeux ébahis d'Eliot, d'Amanda et surtout de Victor et Sibylle qui la contemplent comme une chose curieuse.

Louise : Saberlibobette ! Ze vailli tout gasser !

Amanda : Merci, Louise.

Eliot : Et bravo !

Louise : Berzi, bonzieur.

Louise sort.

Sibylle : *(admirative)* Ces Noires sont d'une souplesse incroyable !

Eliot et Amanda se demandent s'ils ont bien entendu.

Victor toussote avec gêne.

Amanda : Je ne voudrais pas vous déprimer, mais Victor non plus ne demandera pas le divorce.

Eliot : Quoi !

Amanda : Je croyais t'avoir prié de ne plus jamais m'adresser la parole.

Eliot : J'ai juste dit « Quoi ! » une exclamation d'ordre général pour exprimer une vive satisfaction personnelle.

Amanda : *(poliment, à Sibylle)* Asseyez-vous, je vous en prie. *(À Victor :)* Assieds-toi, mon chéri.

Ils s'asseyent tous. Silence. Amanda sert le petit déjeuner.

AMANDA : Du sucre, ma chère Sibylle, car vous me permettez de vous appeler Sibylle, n'est-ce pas ?

SIBYLLE : Deux sucres, Amanda, s'il te plaît, car tu me permets de te tutoyer, n'est-ce pas ?

Amanda réprime difficilement un frisson de dégoût. Elle continue néanmoins son service.

AMANDA : Du sucre, Victor ?

VICTOR : Deux, s'il te plaît.

Tout le monde est servi sauf Eliot.

ELIOT : Sans vouloir déranger, je tiens cependant à faire savoir que je sucrerai aussi volontiers le café qui ne m'a pas été servi.

Agacée, Amanda lui remplit une tasse, la sucre et la lui passe en silence.

AMANDA : Êtes-vous déjà allée à Amalfi ?

SIBYLLE : Non. C'est sur la Méditerranée, je crois ?

VICTOR : Je dirai plutôt l'Adriatique.

ELIOT : L'Antarctique.

AMANDA : Une de mes tantes a vécu à Amalfi.

SIBYLLE : Ah oui ? Comme c'est curieux.

ELIOT : Moi, une de mes tantes a vécu à Tananarive.

Amanda le regarde avec froideur. Eliot lui décoche un clin d'œil complice et blagueur. Elle fait celle qui n'a pas vu.

VICTOR : Avez-vous remarqué comme la Côte d'Azur est devenue à la mode pour l'été ? C'est drôle, non ?

SIBYLLE : Oui, c'est drôle.

ELIOT : Tordant. Ça me fait rire depuis des mois.

Réaction agacée de Victor et Sibylle.

Amanda aurait envie de rire mais se retient.

AMANDA : Personnellement, je trouve qu'il y fait un peu trop chaud.

SIBYLLE : Sauf si l'on reste dans l'eau toute la journée.

ELIOT : Avec les méduses.

Victor et Sibylle ne supportent plus Eliot mais s'acharnent néanmoins à relancer cette conversation qui languit.

VICTOR : Un ami à moi vient d'acheter une maison à Saint-Jean-Cap-Ferrat.

SIBYLLE : Ah bon ?

VICTOR : Oui. À deux minutes de la mer.

AMANDA : Ça doit être sublime !

VICTOR : Oui, je crois qu'il s'y plaît beaucoup.

Amanda essaie de mettre plus de vivacité dans cette conversation qui achoppe perpétuellement.

AMANDA : Ah, voyager ! J'adore voyager. Tout est curieux, tentant, excitant. Faire ses bagages, obtenir son visa, passer des heures dans les trains, les avions, les bateaux, arriver dans une ville nouvelle, sous un climat nouveau, avec des visages nouveaux, des nourritures nouvelles…

ELIOT : Qui déclenchent en vous des bruits nouveaux.

Amanda s'étouffe et rejette son café. Eliot tente de se retenir de rire. Victor et Sibylle sont consternés.

VICTOR : *(à Eliot)* Vous êtes vraiment fatiguant !

SIBYLLE : *(à Victor)* Ce n'est pas de la faute d'Eliot si Amanda est incapable de manger proprement.

VICTOR : Parce que vous ne vous étouffez jamais, vous ?

SIBYLLE : Non, jamais. J'ai été élevée, éduquée, moi.

VICTOR : Ah oui ? Dans quelle basse-cour ?

SIBYLLE : Ne soyez pas grossier, s'il vous plaît.

Amanda s'arrête de tousser et regarde Eliot. Il lui fait un clin d'œil. Elle sourit. Les deux autres ne s'en rendent pas compte.

VICTOR : Je ne peux plus faire autrement. Cela fait quatre jours que je vous supporte. Vous pleurez, vous râlez, vous perdez vos bagages.

SIBYLLE : Et je ne les aurais pas perdus si vous aviez donné des pourboires suffisants. J'ai été victime de votre pingrerie.

VICTOR : Oh, la ferme !

Amanda se lève comme si elle allait intervenir mais Eliot la prend par le poignet. Elle se laisse faire.

SIBYLLE : Comment osez-vous me parler sur ce ton ?

VICTOR : Ça fait quatre jours que vous me tapez sur les nerfs !

SIBYLLE : Et moi, ça fait quatre jours que je m'adresse à un homme qui a à peu près autant de conversation qu'un chien.

VICTOR : Vous êtes l'une des femmes les plus idiotes que j'aie jamais rencontrées.

SIBYLLE : Et vous, l'homme le plus grossier !

VICTOR : Plus qu'Eliot ?

Sibylle : Oh oui, plus qu'Eliot. Et de loin ! De toute façon, je suis contente car désormais, vous allez devoir le payer très cher.

Victor : Pardon ?

Sibylle : Vous allez revivre avec cette bonne femme qui ne fait que vous mentir, vous gruger, vous épuiser. Vous qui perdez déjà vos cheveux, avant six mois, vous n'aurez plus un poil sur le caillou.

Victor : Et vous ! Vous avez marché dans la combine de ce pervers psychopathe. Ma petite, vous êtes déjà stupide mais vous allez finir folle !

Amanda et Eliot rient sans faire de bruit, ravis, complices, aux anges.

Sibylle : Pervers psychopathe ? Sûrement pas. Simplement une victime comme vous.

Victor : Une victime ? Laissez-moi rire.

Sibylle : Parfaitement. Une victime. Victime d'une nymphomane qui lève la jambe à tour de bras, d'une démente tellement avide de plaisir qu'elle ne respecte ni son corps ni celui des autres : il lui faut au minimum trois hommes par jour !

Victor : C'est lui qui vous a raconté tout ça ? Alors vous êtes stupide au point de le croire !

Sibylle : Oui !

Victor : Stupide au point d'écouter un poivrot ?

Sibylle : Un poivrot ? C'est elle qui vous a raconté ça ? Elle a dû vous dire aussi qu'il l'avait frappée, non ?

Victor : Oui !

Sibylle : En revanche, elle a sûrement oublié de mentionner qu'elle avait bu quatorze cognacs hier soir. Et que leur premier mariage a échoué parce qu'elle rentrait toutes les nuits saoule comme un cosaque !

Victor : Oh, le mensonge !

Sibylle : Pas du tout ! Pas du tout !

Victor : C'est lui qui boit !

Sibylle : C'est elle !

Victor : C'est lui !

Sibylle : C'est elle !

Eliot : C'est lui !

Sibylle : C'est elle !

Amanda et Eliot se dirigent silencieusement, main dans la main, vers la porte d'entrée.

Victor : Décidément, si vous le croyez, c'est que vous êtes encore plus niaise que je le pensais.

Sibylle : Oh, ça suffit, espèce de goujat !

Elle le gifle avec force.

Furieux, il la prend par les épaules et la secoue sans ménagement.

Ils roulent à terre.

Pendant ce temps-là, Amanda et Eliot, sereins, souriants, soulagés, sortent avec leurs valises.

Fin

Autour de *Lunes de miel*

Noël Coward, l'auteur (1899-1973)

« L'esprit du Ritz m'a toujours habité. »
N. Coward.

Acteur, chanteur, compositeur, metteur en scène et surtout dramaturge, Noël Coward est, pour les Britanniques « the Master », le maître du théatre anglais du XXe siècle.

Né dans la banlieue de Londres, à la fin du xixe siècle, Noël Coward fut un enfant de la balle d'origine modeste. Il conquit la célébrité en 1924 grâce au scandale de sa pièce, *The Vortex,* drame de la drogue et de l'homosexualité. En 1930, son chef d'œuvre, *Private Lives,* fit de lui « the darling of the theatre ». Ses comédies de salon, à l'humour percutant, expriment l'esprit frivole d'une époque qui s'étourdissait pour oublier les horreurs de la guerre. Dans les années 50, l'œuvre de Noël Coward a souffert de la concurrence du nouveau théatre politique, lancé en 1956 par John Osborne et sa pièce *Look Back in Anger.* En 1969, pour ses 70 ans, anobli par la Reine, Coward retrouvera sa place éminente parmi les dramaturges du XXe siècle, comme dans le cœur de ses spectateurs. Ses très célèbres chansons font partie du patrimoine culturel de la nation britannique. C'est le Charles Trenet anglais.

Private lives (1930), un classique international

« Cocktail comedy » éblouissante, emblématique des années folles, source inépuisable de recettes pour les directeurs de théâtres, *Private Lives* fut créée à Londres en 1930, avec Laurence Olivier, Gertrude Lawrence et Noël Coward lui-même. La pièce viendra à Paris au Théâtre Michel en 1934 sous le titre *Les Amants terribles.* La reprise la plus célèbre de cette comédie en France eut lieu en 1973 au Théâtre Montparnasse avec Jean-Claude Pascal et Danielle Darrieux. Devenue un classique joué dans le monde entier, *Private Lives* est désormais le détour obligatoire des plus grandes stars internationales. Richard Burton et Elizabeth Taylor en seront les vedettes à New York en 1983. En 2004, Private Lives doit être jouée dans 8 villes d'Angleterre, ainsi qu'à New York, Boston, au Canada, en Afrique du sud, et à Paris.

© D. R

Laurence Olivier et Adrienne Allen (debouts) avec Noel Coward et Gertrude Lawrence dans *Private Lives*, 1930.

Noël Coward et la France

Noël Coward a toujours été fasciné par Paris[1] où il faisait de fréquents séjours. La place Vendôme était son quartier général : il habita l'hôtel Ritz puis un appartement à l'angle de Van Cleef et Arpel. Faisant partie du tout Paris, Noël Coward eut de nombreux amis français : Maurice Chevalier, Mistinguett, Joséphine Baker, Sacha Guitry, Marcel Achard, André Roussin, Pierre Fresnay, Yvonne Printemps avec qui il joua à Londres sa

1. H.Catsiapis, Noël Coward et la France, in la Revue d'Histoire du Théatre, 1981-1, et 2000-4.

pièce *Conversation Piece* (1932), Coco Chanel qu'il rencontrait dans un abri du Ritz pendant les alertes, suivie à distance respectueuse par sa servante portant son masque à gaz sur un coussin ; et plus tard la « magique Marie Bell » et la toute jeune Jeanne Moreau.

En 1948, il interpréta en français au Théâtre Edouard VII sa comédie *Joyeux Chagrins.*

Noël Coward vu par Harold Pinter

À la BBC en 1983, Harold Pinter rendit un vibrant hommage à Noël Coward. Il reconnut l'influence du Maître sur son propre théâtre, et ajouta : « ce qu'il a inventé dans *Private Lives* et dans *Blithe Spirit,* cette classe de gens qui semblent ne jamais avoir besoin de gagner de l'argent, n'était en aucun cas la représentation exacte d'une classe donnée, ni dans les années 30 ni dans les années 50. Mais c'était une abstraction à lui qui est devenue son propre monde, le monde de Coward. Je crois que c'est une réussite extraordinaire d'avoir ainsi créé un monde qui n'est qu'à lui. C'est véritablement son propre territoire. »

Hélène CATSIAPIS
ÉCOLE CENTRALE DE LILLE

Bibliographie de Noël Coward :

Théâtre : *The Vortex*, 1924. *Hay Fever*, 1925, (*Week-end*), (A. Méry) 1928. *Fallen Angels*, 1925, (*Le Printemps de la Saint-Martin*), (C.Puget) 1945. *Private Lives*, 1930, (*Les Amants terribles*), (C. Puget) 1934. *Design for Living* (1933) (*Sérénade à trois*). *Still Life*, 1936, Malgré lui, malgré elle (H.Catsiapis) 1998. *Present Laughter*, 1942, (*Joyeux chagrins*), (A.Roussin) 1948. *Blithe Spirit*,1941, (*Jeux d'esprit*), 1946. *Brief Encounter,* (*Brève rencontre*), (J.Delpeche)1968.

Comédies musicales : *Bitter Sweet*, 1928, Au temps des valses, 1930. *Cavalcade*, 1931

Films: *In which we served*, 1942. *Brief Encounter,* 1945.

Chansons : *Parisian Pierrot, Poor Little Rich Girl, Mad Dogs and Englishmen, Some Day I'll Find You, Mad About the Boy, Children of the Ritz, Mrs Worthington, London Pride,* Matelot.

L'Anoblissement des gens de théatre en Angleterre
Un long fleuve tumultueux

La monarchie anglaise et les ordres de chevalerie

L'Angleterre, l'une des plus anciennes monarchies de la « vieille Europe », possède encore des ordres de chevalerie en pleine activité. « Source de tous les honneurs », la Reine Elisabeth peut seule conférer les titres de noblesse.

Les principaux ordres sont ceux de : la Jarretière[1], du Chardon, du Bain, de St Michel et St Georges, l'Ordre Royal de Victoria, de l'Empire Britannique[2], du Mérite, de Compagnon d'Honneur.

Les ordres ont plusieurs grades : « membre, officier, commandeur », « compagnon». Le titre de knight, ou chevalier, anoblit.

Cérémonie d'anoblissement

La liste des récipiendaires est établie le 1er janvier et en juin[3] par le Premier ministre, mais c'est la Reine (ou en son absence, un membre de la famille royale), qui confère, en personne, le titre de noblesse. Les critères de sélection sont un secret d'État. La cérémonie d'anoblissement a lieu à Buckingham Palace ou à Holyroodhouse. Le futur chevalier, après avoir été appelé, pose le genou sur le tabouret rituel. La Reine procède à l'adoubement avec une épée, puis remet l'insigne de l'Ordre.

Le nom de la personne décorée est désormais suivi des initiales de son ordre ; les lettres MBE[4], OBE, CBE, CMG, CH, OM, CVO sur une carte de visite marquent la réussite sociale et ouvrent bien des portes.

Les knights reçoivent le titre de « Sir » qui précédera leur prénom et leur nom, remplaçant le démocratique « Mr. ». Dans une monarchie comme l'Angleterre, ce mot de trois lettres a toujours un pouvoir magique dans la vie sociale du pays. Les femmes deviennent « lady » ou « dame ». Ce dernier titre est réservé aux artistes et aux actrices.

1. Fondé en 1348. Devise : « Honni soit qui mal y pense ». 25 membres : famille royale, souverains étrangers, anciens Premiers ministres (baronne Margaret Thatcher).
2. 1917. Devise : « Pour Dieu et l'Empire ».
3. Pour l'anniversaire officiel de la Reine.
4. MBE = Member of the British Empire.

Le titre de noblesse est automatiquement retiré après toute condamnation en justice.

La malédiction des gens de théâtre

La patrie de Shakespeare est le pays du paradoxe : pendant plus de trois siècles l'Angleterre infligea au théâtre et à ses serviteurs un traitement d'une exceptionnelle dureté. En 1642, les Puritains décrétèrent la fermeture des salles de spectacles, « dangereux lieux de perdition ». Réouverts en 1660, les théâtres anglais seront, de 1737 à 1968, paralysés par une censure politique et morale très anachronique. Et si un dramaturge était jeté en prison, pour homosexualité par exemple, ses œuvres étaient retirées de l'affiche, comme ce fut le cas des comédies d'Oscar Wilde en 1895. Ce contexte historique était peu favorable à l'anoblissement des gens de théâtre pour services à la nation ! Rares furent les auteurs dramatiques investis d'un tel honneur. Un titre de noblesse aurait été incompatible avec les théories du sulfureux et très socialiste George Bernard Shaw.

Anoblissements aux XXe et XXIe siècles

Avec l'abolition de la censure théâtrale en 1968 et la libéralisation des mœurs (l'homosexualité n'est plus un obstacle à l'anoblissement), dramaturges, acteurs et chanteurs rock sont apparus sur la liste des investitures.

Alan Ayckbourn[5], les Beatles, Noël Coward, Judi Dench, John Gielgud, David Hare, Rex Harrison, Laurence Olivier, Terrence Rattigan, Maggie Smith, Peter Ustinov ont été anoblis, Mick Jagger en 2003, Joan Plowright (veuve de Lord Olivier) en 2004.

Sir Noël Coward et la famille royale

D'origine modeste, Noël Coward aimait fréquenter la haute société. Le succès éclatant de ses oeuvres fit de lui une star internationale qui devint l'ami des plus grands, dont le duc de Kent, fils de Georges V et frère d'Edouard VIII et de Georges VI. Le prince, d'une grande beauté, cultivé, excellent musicien, formait avec son épouse, l'élégante princesse Marina de Grèce, un couple très glamour qui aimait recevoir écrivains et artistes. Habitué de leurs réceptions, Noël Coward eut un chagrin indicible lorsque le duc fut tué pendant la guerre en 1942. Il fréquenta d'autres membres de la famille royale : Lord Mountbatten, oncle du Prince Philip, — dont il

5. *L'Avant-scène*, N° 1144, 15 sept. 2003.

retraça l'épopée navale dans le film, In Which We Served, — et la Reine mère, son exacte contemporaine et qui fut pour lui une amie véritable. La souveraine avait organisé chez elle un déjeuner pour les 70 ans du dramaturge ; empêchée par une grippe, elle se fit remplacer par ses deux filles, la princesse Margaret et la Reine Elizabeth qui saisit l'occasion pour annoncer au jeune septuagénaire son prochain anoblissement. [6]

La révolte des « refuzniks », une tempête dans une tasse de thé ?

La presse anglaise, friande de scandales lucratifs, a choisi en décembre 2003, pour nouvelle cible, le problème de l'anoblissement. Une fuite anonyme a révélé que depuis cinquante ans, trois cents personnalités auraient refusé les honneurs qui leur furent proposés. Pour le monde du spectacle : Harold Pinter, Michael Frayn, Alan Bennett, Alfred Hitchcock, Vanessa Redgrave, David Bowie seraient parmi ces « refuzniks » de l'anoblissement. Aldous Huxley, Francis Bacon, Lucian Freud, Graham Greene, Doris Lessing, David Hockney auraient aussi récusé l'honneur d'être anoblis. S'agit-il d'une lame de fond visant à déstabiliser la monar-

Noël Coward et la Reine Elizabeth, 1968.

6. Hélène Catsiapis, *La royauté anglaise au XXe siècle*, Paris, Ellipses, 2000.

chie ? Non, car les refus ne représenteraient que 2 % des anoblissements. La variété de leurs raisons exclut une fronde unie et organisée :

- les Républicains ne veulent pas plier le genou devant la Reine.
- La cérémonie est une « pantomime ridicule ».
- L'Ordre de l'Empire Britannique, (empire qui d'ailleurs n'existe plus !) a des relents de colonialisme.
- L'anoblissement est refusé s'il est le fait d'un Premier ministre dont on n'apprécie pas la politique.
- l'ordre proposé n'est pas suffisant. Alfred Hitchcock refusa un CBE[7] en 1962 mais accepta en 1980 un anoblissement plus digne de lui.
- L'anoblissement est rejeté, mais un ordre moindre est accepté (H. Pinter).
- Certains, ne veulent pas changer d'appellation (M. Frayn).

Cette révolte larvée semble n'être qu'un épiphénomène limité à quelques intellectuels, mais elle a mis en lumière l'anachronisme du système et ces frémissements idéologiques pourraient être le prélude à de réels bouleversements. Une enquête administrative est en cours pour étudier le problème.

À l'orée du XXIe siècle, la perspective pour la majorité des Britanniques d'aller, en habit, à Buckingham Palace, accompagné de sa famille, recevoir des mains de la Reine un titre de noblesse, reste encore le rêve de toute une vie de travail. C'est la consécration absolue, doublée d'un fantastique impact publicitaire fort apprécié. Même le dramaturge David Hare, qui toute sa vie porta haut les couleurs de son socialisme, accepta d'être anobli et de mettre genou à terre devant la Reine.

Il semble probable qu'en Angleterre titres de noblesse et monarchie aient encore un bel avenir.

Hélène CATSIAPIS
ÉCOLE CENTRALE LILLE

7. CBE, Commander of the British Empire.

Éric-Emmanuel Schmitt, l'adaptateur

Le sens et le suspens des mots

© Marc Enguérand

Il demeure souvent en Irlande et c'est là qu'il peaufine son anglais. Car Éric-Emmanuel Schmitt, auteur éminemment français, fait depuis peu des adaptations de l'anglais, à la demande de Bernard Murat. Après *Sarah* de John Murrell, il fait le texte français de *Lunes de miel* de Noël Coward. C'est un traducteur fidèle, mais on ne peut s'empêcher de penser qu'un auteur dramatique apporte toujours un peu de sa personnalité et de son métier. Schmitt, à ses débuts, imprimait le retour au théâtre philosophique. *La Nuit de Valognes* traitait d'une manière imprévue le thème de Don Juan. *Le Visiteur*, en faisant se rencontrer Sigmund Freud et un être mystérieux qui pouvait être Dieu, posait la question de la science et de la religion. L'auteur entreprit même, sur une idée du comédien Bruno Abraham-Kremer, une série de pièces sur les systèmes religieux ou métaphysiques, du judaïsme au bouddhisme. Cette veine-là le mena à écrire *M. Ibrahim ou les Fleurs du Coran,* sa pièce la plus nourrie d'enfance (l'enfance d'Abraham-Kremer réinventée par Schmitt) et peut-être la plus sensible. Il s'amusa aussi de la cohabitation de la pensée et du goût de la chair chez Diderot, dans *Le Libertin de Dieu.*

Il aime aussi s'alléger du poids des grandes manières de penser pour créer des compositions diaboliquement inquiétantes. Cette inspiration-là lui a amené les plus grandes vedettes : Alain Delon et Francis Huster dans *Variations énigmatiques,* Charlotte Rampling et Bernard Giraudeau dans *Petits Crimes conjugaux.* Quand il adapte une pièce de l'étranger, il ne sort guère de sa mission, qui est de jouer avec le sens et le suspens des mots.

Gilles COSTAZ

Bernard Murat, le metteur en scène

© Marc Enguérand

Mais qu'est-ce qu'il fait, cet homme-là, pour que tous les acteurs chantent ses louanges ? Ils célèbrent sa patience, sa rigueur, son charme, son intelligence des textes et des situations. Ils veulent tous être dirigés par lui. Ils disent que Bernard Murat sait, en maître, éveiller l'émotion du comédien, cristalliser les mystères de son âme, et leur permettre de s'incarner en des personnages que d'habitude ils ne fréquentent pas.

Tenez, Pierre Arditi depuis *Tailleur pour Dames* de Feydeau en 1985, ne tarit pas d'éloge sur son metteur en scène. Il a retrouvé Barnard Murat dans *L'Éloignement* de Loleh Bellon, *L'Idée fixe* de Paul Valéry, *Le Mari, La Femme et l'Amant* puis *La Jalousie* de Sacha Guitry, *Joyeuses Pâques* de Jean Poiret, sans compter *Charmante Soirée* d'après la pièce d'Alan Ayckbourn tournée pour la télévision avec Evelyne Bouix.

Ce n'est pas la première fois non plus que Bernard Murat met en scène un texte signé Éric-Emmanuel Schmitt. Il avait commencé en 1996 avec *Variations énigmatiques* où s'affrontaient deux monstres sacrés du Théâtre : Alain Delon et Francis Huster. Ce fut un succès. Et *Le Libertin* qui suivit fit un triomphe. Puis ce fut *Frédérick ou Le Boulevard du crime* en 1998, *Sarah*[1] en 2002, *Petits crimes conjugaux* en début de saison. Éric-Emmanuel Schmitt et Bernard Murat constituent deux raisons suffisantes pour que les salles ne désemplissent pas.

Aucun défi ne rebute Bernard Murat. Il co-dirige deux théâtres : Édouard VII et les Mathurins avec Jean-Louis Livi. Parfaitement organisé, il peut s'investir complètement dans chacune de ses missions. Car, pour lui, la création artistique commande le respect de l'acteur, du texte, et du cahier des charges d'un théâtre. Et le « théâtre en ordre de marche » est souvent le point crucial sur lequel achoppent de nombreux metteurs en scène. Mais lui s'est toujours senti responsable.

On vous le dit, cet homme est une exception !

D. D.

1. Nouvelle adaptation de la pièce de John Murrell, *Avant-Scène Théâtre* n°1120.

Pierre Arditi, Eliot
« La nuit n'existe pas »

Il a retrouvé la loge qu'il occupait pour *La Répétition ou l'amour puni* de Jean Anouilh et cela le rassure. À côté, juste à côté, il y a sa partenaire. À la ville comme à la scène disait-on autrefois, délicieusement. Évelyne Bouix est là, tanagra à fossettes et cheveux souples qui mangent le visage. Il y a comme un air d'heureux printemps au cœur de cet hiver à froidures et tristes pluies. Monsieur Pierre Arditi, ponctuel et disponible, vous prépare lui-même un petit café. Pas mal, non, pour une star ?

C'est Pierre Arditi, mais c'est aussi l'ami Pierrot. Celui qui ne deviendra jamais sage, raisonnable, économe de lui-même. Et celui dont les engagements, les colères, les indignations, sont véritablement ancrés dans des convictions, des sentiments, des pensées. Peu dire qu'il est sincère. Il ne calcule jamais rien. Mais il aime partager.

Un café comme un souvenir. C'était quand, déjà *La Répétition* ? 1986 ! Dix-huit ans. Et Emmanuelle Béart qui débutait, et Anny Duperey, et Bernard Giraudeau ! Une mise en scène de Bernard Murat qui n'était pas encore propriétaire - il l'a acheté avec Jean-Louis Livi, rappelons-le, ce Théâtre Edouard VII... Ah ! Il s'émeut, Pierre Arditi et ce n'est pas de la triche.

Quarante ans, bientôt, depuis *L'Opéra du monde*... ses débuts, sur un plateau, avec Marcel Maréchal. Trente ans depuis qu'il est un comédien qui passe en souplesse du cinéma aux planches, plus de trente, un peu moins de quarante, qu'il tourne pour la télévision. Peu d'acteurs sont si présents sur les trois fronts. Et avec une même allégresse. Il le sait. Il n'en fait pas tapage. Il est comme un personnage de Tchekhov. Il faut travailler, travailler, travailler.

Il a commencé tôt, très tôt, Pierre Arditi, et il n'a jamais eu peur de donner beaucoup. Un jour, on comprendra, pourquoi il a une telle fringale d'activité, pourquoi il enchaîne rôle sur rôle. C'est lui qui le racontera dans un livre. Il l'écrira. On devine qu'il est mûr pour cela. Que tout de même c'est une question, cette suractivité. Une course contre quoi ? Son père, Georges Arditi, peignait, cherchant dans l'immobilité illusoire du cadre, le bref suspens des inquiétudes. Peintre, il faut demeurer, saisir, fixer. Acteur, on peut courir aussi vite que le vent. Ici, il le sait, est un nœud. Il sourit. Les tableaux de son père, il les contemple aux murs de son appartement. Ils sont là, et lui, fils de piété et d'admiration, il aura tant fait pour qu'on le connaisse mieux, encore, Georges. Et quelle force d'ailleurs dans cette peinture qui excède toute mode et cherche la vibration du monde. L'Opéra du monde.

Aujourd'hui, tout à son personnage d'Eliot, Pierre Arditi est loin de ces angoisses très particulières. Mais le trac est là. Bien en avance. Le jour où on le rencontre on est encore à plus de quinze jours des premières représentations, mais il a peur déjà. « Je ne changerai plus, non ? J'ai le trac, j'ai toujours eu le trac et plus cela va, plus c'est terrible... C'est de la frousse ? Pas d'autre mot. Évelyne, c'est pareil. Cela donne une idée de l'atmosphère... » L'œil se fait plus noir. Mais l'étincelle, au fond, est de malice. Il a appris à se moquer de lui-même, Pierre Arditi. Et ce n'est pas le moindre de ses charmes. « J'avais envie de jouer à nouveau avec Évelyne Bouix, dit-il sobrement. En dix-huit ans, nous l'aurons fait trois fois. C'est peu. *La Vraie vie*, en 1988, dans une mise en scène d'Andréas

© Marc Enguerand

Bernard Murat, Pierre Arditi et Catherine Rich dans *Audience* et *Vernissage*, de Vaclav Havel, mise en scène de Stéphane Hillel, au Festival d'Avignon, 1979.

Voutsinas, au Théâtre Montparnasse, puis *Le Mari, la Femme et l'Amant* de Sacha Guitry en 1997, dans une mise en scène de Bernard Murat, au Théâtre des Variétés et enfin ce Noël Coward que j'aime beaucoup. »

Murat, comme il le dit, « c'est l'un de (ses) rares amis ». Du premier cercle. Garde rapprochée. « On a été comédiens ensemble. On a progressé, ensemble. Et aujourd'hui, une fois encore, nous défendons un même projet. » La pièce n'est pas du jour. « C'est l'une des deux très célèbres comédies de Noël Coward, souligne Pierre Arditi. Elle a été jouée, dans les années 50, par Jean-Claude Pascal sous le titre Les Amants terribles. » Ce n'est pas la première fois que l'on propose à Pierre Arditi le rôle d'Eliot. « Et pas une fois seulement, glisse-t-il, amusé. Mais vraiment de nombreux producteurs pensaient à moi... »

Il a attendu d'avoir entre les mains la nouvelle traduction, par Éric-Emmanuel Schmitt, de la comédie pour faire lire à Évelyne Bouix le rôle d'Amanda. « C'est le type même de la pièce à jouer en toute complicité. Autrement, on s'amuse moins et le public aussi. En même temps, c'est une pièce solide et qui se suffit parfaitement à elle-même. »

Il ne veut pas entendre le refrain connu : « Coward est le Guitry anglais. » Sa pensée est plus complexe. « Il possède un charme et un goût certain de la cruauté qui n'ont rien à voir. Il me semble qu'il possède un esprit par excellence anglo-saxon... ce qui ne nous empêche pas de situer l'action chez nous et plus près, grâce à la nouvelle traduction et adaptation d'Éric-Emmanuel Schmitt, comme par la mise en scène de Bernard Murat qui a clairement choisi les années cinquante ! » souligne Pierre Arditi. Et d'ajouter pour résumer la nature des deux personnages dominants, Amanda et Eliot, leurs rôles : « Ils se refont une santé sur le dos des deux autres qu'ils laissent en plan. La mécanique est réellement anglaise. Ce sont deux gangsters, deux ados... » Pas de perversité, pas de rouerie maladive. « Il y a de l'enfance en eux », souligne le comédien qui a décidément un sacré désir de les dédouaner de toute responsabilité, les protagonistes. L'œil frise ! « Ah bon ? N'est-ce pas le devoir-même de tout acteur ? » dit l'innocent Arditi.

À la ville, comme à la scène... cela suppose qu'il ne cesse de parler d'Eliot ? « Pas plus que, lorsqu'il y a quelques mois, je jouais *Mathilde* de Véronique Olmi avec Ariane Ascaride. » Il y a dans la pièce et dans

Pierre Arditi dans *Tailleur pour dames* de Georges Feydeau, mise en scene de Bernard Murat au Théâtre des Bouffes Parisiens, 1985.

l'humeur que l'on imagine, quelque chose qui pourrait appartenir à un film de Lubitsch. « Il a tourné du Coward, *Design for living* [1], c'est une comédie de Noël Coward. » Oui, ils ont en partage cette alacrité, cette joie de vivre, cette ironie. « Et aucune pertinence sociale, prend soin de préciser Pierre Arditi. Il s'agit d'une peinture sentimentale, en aucun cas d'un quelconque regard sur la société. Il n'y a pas de thèse ! » Avec eux, embarqués pour les fous-rires et les coups de chauffe, Sonia Vollereaux et Franck Mercadal, les victimes... plus Sophie Mayer. « Il y a quelque chose de délibérément artificiel évidemment, dans cette intrigue. Ils se sont aimés et ont divorcé. Ils viennent de se remarier, chacun de son côté. Ils sont en voyage de noce — *Lunes de miel* s'intitule perfidement la pièce. Et ils abandonnent l'un et l'autre leur conjoint tout neuf pour se retrouver. »

Pierre Arditi, et ils ne sont pas nombreux ainsi, lorsqu'il accepte un rôle au théâtre privé, s'engage sur la durée. Si *Lunes de miel* est un succès, il jouera encore cet été. Mais cela ne l'empêche pas d'avoir, au-delà, de

1. Traduit en français par *Sérénade à trois*, 1933, avec Fredrich March, Gary Cooper et Miriam Hopkins.

nombreux projets. *Le Misanthrope* avec Bruno Bayen et Sylvie Testud en Célimène ; un Rousseau avec Didier Bezace ; un Grumberg avec Rosner ; un projet avec Sabine Azéma. Cela côté théâtre. Côté cinéma, il vient de tourner — ou tourne encore — *L'un reste l'autre part* de Claude Berri scénario de Berri aussi, avec Nathalie Baye, Charlotte Gainsbourg, Daniel Auteuil. Il va poursuivre sa route avec les Podalydès, qu'il adore, pour *Le Parfum de la Dame en noir* et a accepté un premier long métrage, *L'Équarisseur* de Thomas Bidegain qui parle de la génération des trentenaires face à celle de 68. « Et puis bien sûr il y a toujours des projets avec Resnais, ce jeune homme... » Il le dit, ému. « Il est celui que j'admirais le plus avant même d'être acteur. Etre devenu l'un de ses comédiens me met dans un sentiment étrange, exaltant. »

Il est à l'âge de la réflexion. Il sait qu'un jour, lorsqu'il se laissera le temps d'avoir du temps, il écrira. « Je partirai de ma première expérience de la mort, j'avais sept ans. La mort à travers une sieste et cette perception si claire et si profonde... » On n'en a jamais fini avec la mort. Il sait bien pourquoi il court, Pierre Arditi. Il dit, et on le croit, qu'il est paresseux et capable de ne rien faire. Rien de rien. « Je me nourris de choses peu importantes, presque désuètes. » Il craint le monde. S'y reconnaît mal. Assume ses engagements de gauche, mais ne comprend pas cette société où il s'agit d'acquérir à toute force la notoriété. « Profession ? connu ! » ironise-t-il, amer. « Il y a aussi une tendance à abandonner toute responsabilité qui est inquiétante », souligne-t-il. Il aime son univers. Ce monde où chacun a conscience de lutter « à mort contre la mort ». Et soudain grave, il ajoute : « C'est un métier étrange, qui peut vous faire croire que vous êtes immortel et en même temps qui vous rappelle sans cesse que vous allez vers la fin. On se voit vieillir. Au travers de ce métier, on vit mille vies plutôt qu'une seule et ces mille vies sont la nôtre. Mais on croit tordre le cou à la mort, et elle est là. »

Et soudain, cette formule, très belle, qui lui vient comme un apaisement et une conclusion à un entretien dont nous ne retenons que des bribes : « C'est un métier où la nuit n'existe pas. C'est peut-être pour cela que je l'exerce aussi férocement. »

Armelle HÉLIOT

Évelyne Bouix, Amanda

Le plus grand nombre de vies possible

© D. R.

Comme la mèche brune instable qui a tendance à barrer son beau visage aux traits fins, Évelyne Bouix ne tient pas en place. Elle bouge beaucoup sur le fauteuil où elle est assise. Nervosité ? Oui, mais souvenirs d'origines prolétaires et refus de tout ce qui est guindé. La fille du mécanicien et de la laborantine, à Yerres-Mongeron (Essonne), était une élève dissipée qui n'aurait jamais imaginé qu'elle ferait, à quinze ans, ses débuts de comédienne à… la Comédie-Française !

Cette première chance, elle la doit à son physique, à son talent encore dans l'œuf et sans doute aussi à une insolence qui ont dû ravir Pierre Dux, alors administrateur, et à Montherlant, l'auteur concerné. Car, cette année-là, ces deux grandes statues du théâtre national cherchaient une adolescente qui pourrait figurer, en disant quelques répliques, la très jeune maîtresse du Condottiere de *Malatesta*. Évelyne fut retenue après l'audition de centaines de gamines et fit merveille aux côtés de Georges Aminel, Louis et Françoise Seigner… Elle n'en quitta pas pour autant le lycée où, avoue-t-elle, elle « aimait les jeunes qui font des conneries ».

C'est le cinéma qu'elle connaît et c'est au cinéma qu'elle veut réussir. « L'art de l'image me bluffait et je rêvais des acteurs américains, raconte-t-elle. J'étais obsédée par les films du dimanche soir. Enfant unique, je voulais qu'il m'arrive quelque chose et être comédien, c'est avoir le plus grand nombre de possibilités de vie. » Elle suit des cours d'art dramatique (Périmony) et se retrouve sur scène, dans les années 70, avec André Dussollier, Isabelle Huppert... Elle joue des classiques (*L'Homme qui rit, On ne badine pas avec l'amour*) et n'en revient pas de la beauté de la langue de ces auteurs qu'elle a déjà fréquentés dans les cours : « Une langue qu'il faut amener à soi, s'approprier, et pour laquelle j'ai une attirance qui me faisait peur et me fait toujours peur. »

Mais, comme elle le souhaitait, le cinéma l'appelle, l'aspire. Elle tourne son premier film, *Bobo Jacco* de Walter Bal, en 1979, puis est repérée par Claude Lelouch, qui la prend dans ses films et dans sa vie. On ne la revoit sur une scène qu'en 1984 où elle joue, avec Roger Hanin, *Duetto* de Janine Worms, mis en scène par Yukata Wada. Elle s'y sent quelque peu déstabilisée et pense : « Le théâtre, ce ne doit pas être un truc pour moi. » Heureusement, elle rencontre Pierre Arditi, joue avec lui *La Vraie Vie* de Tom Stoppard, et fait la connaissance de personnages essentiels : Marcel Maréchal, qui la dirige dans *Les Coûfontaine (L'Otage)* – elle se casse une cheville juste avant la première mais joue envers et contre tout - et Bernard Murat qui, avant ces *Lunes de miel,* la met en scène dans *Le Mari, la Femme et l'Amant* de Guitry (avec Arditi) et *Emy's View* de David Hare, l'une de ses aventures préférées, malgré le demi-échec du spectacle.

Jouer au théâtre demeure pour elle un métier différent : « Au cinéma, c'est plus facile, tout est plus facile. Je ne suis pas intrinsèquement une actrice de comédie. Avec le Guitry, j'ai découvert le plaisir de faire rire les gens. Et l'assentiment du public donne des ailes. » La confiance nécessaire, elle en puise une bonne partie dans le travail avec Bernard Murat : « Il est très bienveillant avec l'acteur, il lui donne un crédit énorme, en le recadrant si ça ne va pas. Il creuse les intentions, va jusqu'au bout, donne au comédien le pouvoir d'arriver à ce que lui, le metteur en scène, veut. » Jouer avec son mari, Pierre Arditi, n'en est pas moins un plaisir à double tranchant : « Quand on est acteur, on oublie la réalité. Chacun joue sa peau, en faisant abstraction de la vie privée. Mais sans doute des connivences s'installent-elles à notre insu. »

Face à la proposition de jouer *Lunes de miel* de Noël Coward, elle a d'abord hésité. Une adaptation ancienne ne la convainquait pas. Elle est partie avec Bernard et Pierre voir la mise en scène qu'on donnait à Londres. Elle a « craqué ». Pour son rôle d'Amanda, Éric-Emmanuel Schmitt l'a adapté en pensant à elle, en rendant le personnage moins femme du monde et plus femme d'aujourd'hui.

« Par rapport à Guitry, Coward est d'un esprit plus moderne, dit Évelyne Bouix. Sa pièce met plein de choses à jour, à travers cette histoire d'enfants gâtés, d'un égoïsme monstrueux. Les femmes y ont un comportement de mec, à la différence des femmes de Guitry qui sont des chattes. Il y a une égalité des sexes incroyable pour l'époque, et c'est ce qui m'a séduit. Amanda joue à être une fille, mais elle se conduit comme un garçon. Et les trois actes sont très différents. Le premier pourrait être apparenté à du Guitry, le second est complètement fou et le troisième d'une autre personnalité ! On chante et on danse, ce qui me plaît, puisque j'adore les comédies musicales. »

Elle n'a pas tourné de film ces derniers mois mais jouera bientôt dans la prochaine réalisation de Bernie Bonvoisin. Elle a failli faire un film elle-même d'après un scénario qu'elle avait écrit avec Colo Tavernier. Ça ne s'est pas fait. « Quand j'ai essayé de tenir les rênes de quelque chose ou d'être à l'origine d'un projet, ça n'aboutit jamais, confie-t-elle en riant. De toute façon, chez moi, l'envie de jouer est supérieure à celle de réaliser. »

Méfions-nous cependant de cette actrice qui joue l'obéissance. Les rôles qu'elle rêve de jouer sont de grands caractères à la forte carrure : Nora dans *Maison de poupée* d'Ibsen, *Sainte Jeanne des abattoirs* de Brecht et la jeune fille Violaine de *L'Annonce faite à Marie* de Claudel. Et aussi des contemporains sans sagesse. Contrairement à ce qu'elle pensait à un moment difficile de sa carrière, « le théâtre, c'est un truc pour elle ».

Gilles Costaz

Sonia Vollereaux, Sibylle
La perfectionniste

© Monique Rubinel / Enguerand

Sonia Vollereaux et Stéphane Hillel dans *Les Palmes de M. Schutz* de Jean-Noël Fenwick, mise en scène de Gérard Caillaud, au Théâtre des Maturins, en 1989.

C'est un petit oiseau posé sur la branche. Une femme pleine de candeur, de douceur, et de fragilité. Une femme qui doit aimer lire des revues de mode et s'oublier dans le romanesque. Une femme drôle et fine qui pour autant ne se laisse jamais enfermer dans la caricature aisée que l'on pourrait faire d'elle. Elle, c'est Sibylle, le délicat personnage que répète Sonia Vollereaux en ce moment. Mais Sibylle est un peu Sonia ou plutôt, Sonia offre un peu de sa chair à Sibylle pour la faire exister. Une nouvelle couleur de cheveux, un blond très doux, des vêtements de couleur beige, Sonia la perfectionniste va jusqu'à changer son parfum pour être au plus près de Sibylle la candide. « Je portais un parfum très citronné, mais souhaitais quelque chose de plus poudré, plus sur la rose, alors j'ai acheté n°5 de Chanel. Je ne suis pas schizophrène, mais il faut que je fasse habiter le personnage en moi. Il y a une partie de mes cellules qui fait partie du personnage. » Pour *Lapin Lapin* de Coline Serreau, mis en scène par Benno Besson, rôle pour lequel elle se voit récompensée du Molière de la meilleure comédienne dans un second rôle, Sonia Vollereaux a les cheveux courts couleur carotte. Pour Marie Curie, dans *Les Palmes de Monsieur Schultz*, immense succès (la pièce se joue 1000 fois), elle découvre et plonge avec bonheur dans le monde de la science.

Sonia Vollereaux a su très vite qu'elle voulait être comédienne. L'année de ses six ans, on lui demande de jouer le rôle de Saint Joseph dans la crèche vivante de son école. « J'ai eu une sensation d'injustice de voir tout le monde se détourner de la Vierge. Le jour du spectacle, je me suis mise dans une révolte terrible. C'est à ce moment que j'ai su que j'aimais défendre des personnages et entrer dans des vies. » Sa carrière débute très vite. Petite provinciale d'Auxerre montée à Paris après le bac, elle partage ses journées entre les petits boulots et les cours de théâtre, le soir chez François Florent. Par deux fois, elle passe et réussit avec succès le premier tour du concours du Conservatoire, mais, par deux fois, échoue au second tour. Un professeur intelligent glisse cette remarque : « Elle est faite pour travailler tout de suite. Elle est prête. » Sonia Vollereaux débute dans le rôle d'Agnès dans *L'École des femmes* à la Gaîté-Montparnasse. Suivent très vite *Le Mariage de Figaro* avec Jacques Weber, *Amadeus* avec Polanski et *Les Temps difficiles*, mis en scène par Pierre Dux au Théâtre des Variétés. « Il y avait une ambiance dans ce théâtre. Le gardien faisait de la soupe, je lui en demandais un petit bol et ça sentait la bouffe dans les loges et sur le plateau. C'était presque une ambiance de cirque, de roulotte, pas vraiment celle de stars qui se plaignent d'avoir mal au ventre à cause du trac. »

Jean Le Poulain lui demande en 1987 d'entrer à la Comédie-Française. Vitez, qui prendra sa succession lui confie : « Je vous vois dans l'avenir travailler avec nous. » Mais la très sensible Sonia ressent trop les pressions et les grèves qui planent sur cette grande maison. À Vitez qui souffrait le martyre et peinait à s'asseoir, elle ose un « vous avez très mal au dos, cette maison pèse trop lourd pour vous ». Sonia quitte après trois pièces ce lieu mythique qui faisait la fierté de son père. « J'ai beaucoup appris, mais je me sentais comme dans un bocal. À la Comédie-Française, j'ai appris à transcender les choses, à aller vers le baroque. » Quand elle s'en va, la jeune fille rigolote, qui mangeait chamallow sur chamallow dans la publicité tournée par Jean Becker au début des années 80, est un peu déprimée. « Je croyais, en partant du Français que je n'aimais plus mon métier. C'était dramatique dans ma tête. J'étais déchirée entre ma raison et mes sensations. » *Les Palmes* viennent la tirer de cette grisaille, et surtout Jacques Dufilho avec qui elle joue deux pièces. « Il est généreux, curieux, émerveillé, enthousiaste. Il est d'ailleurs. ». Un peu comme elle, au fond.

Emmanuelle POLLE

Franck Mercadal, Victor

Le goût de la composition

Franck Mercadal et Mathilde Wambergue dans *Pierre et Papillon* de Murielle Magellan, mise en scene de Christophe Luthringer au Théâtre 13.

On a surtout remarqué Franck Mercadal dans *Pierre et Papillon* de Muriel Magellan : l'auteur avait écrit la pièce pour lui et Mathilde Wambergue. Dans une mise en scène de Christophe Luthringer, il y jouait un amant qui ne savait pas aimer, pas s'engager, tandis que le temps passait. La pièce fut un succès, du Cinéâtre 13 aux Mathurins. C'est là, aux Mathurins, que Bernard Murat l'apprécia et pensa à lui pour le rôle de Victor dans *Lunes de miel.* Murat lui fit quand même passer une audition et ce fut lui qui l'emporta.

« Le personnage de Victor est un Anglais droit dans ses bottes, secoué, carré, qui se prend pour un héros romantique et vit en décalage avec la réalité, dit-il. La comédie est spirituelle et très enlevée et ce personnage suit tout un parcours. Il va découvrir qu'il peut être passionné, sortir du raisonnable. Ce côté inhibé, avec une sensualité cachée, est très intéressant à jouer. » Marcadal est heureux de se retrouver dans cette équipe mais aussi dans ce registre anglais. Ce sont les acteurs anglais, tels Anthony Hopkins ou les interprètes de la Royal Shakespeare Company, qu'il admire le plus. « J'aime la composition, la transposition, précise-t-il. Certains comédiens anglais y parviennent d'une façon ciselée, admirable ! »

Il est passé par le cours Périmony, mais a multiplié les stages pour s'enrichir d'expériences opposées : stages avec le Russe Evgeni Arié, avec l'Américain Bob McAndrew, commedia dell'arte avec Luis Cortes… « J'ai toujours besoin d'apprendre », conclut cet acteur toujours renouvelé.

G. C.

Sophie Mayer, Louise

© D. R.

Elle avait joué très sérieusement la « comédie » mélancolique de Tchekhov *La Cerisaie* au Théâtre Déjazet, en sortant du cours Florent. Puis Éric Génovèse l'a dirigée dans *Les Juives* de Robert Garnier, au Théâtre du Marais. Après le tragique baroque, la voici en hilarante « négresse blanche », dans une comédie sur le couple. C'est sa « véritable première professionnelle ».

Bien sûr c'est un petit rôle, bien sûr, elle n'arrive qu'au troisième acte. Mais on va la remarquer. Elle est « ravie » et admire « la patience » de Bernard Murat, son « investisssement personnel qu'il communique à tous ». Pour ce rôle elle a pris spécialement des cours de « cascade », et sa « souplesse incroyable » va faire des envieuses. Elle se félicite de la chance qu'elle a de travailler sous la direction de Bernard Murat avec des comédiens comme Pierre Arditi, Évelyne Bouix, Sonia Vollereaux, Franck Mercadal !

Tous les atouts sont dans son jeu.

D. D.

Du 15 au 29 février 2004

L'actualité

Titus Andronicus de William Shakespeare, mise en scène de Lukas Hemleb, à la Maison de la Culture de Bourges.

Promenade shakespearienne

Le sang et le chaos

SHAKESPEARE nous accompagne tout au long de l'année. Mais, en ce début 2004, il ne nous quitte plus d'une semelle. Will le ténébreux, Will le bouffon, Will le sanglant, Will le rieur. Tous ses visages sont là. C'est sans cesse une nouvelle mise en lumière, et une nouvelle mise au point. Même Jean-Michel Déprats, traducteur incontesté depuis que l'édition de la Pléiade[1] a rendu plus évident son grand art de l'équivalence verbale, prend le temps de retoucher telle ou telle version pour aller vers encore plus d'accord avec les secrets de l'œuvre. Pour l'aspect sanglant, *Titus Andronicus* acquiert une respectabilité qu'il n'avait pas il y a quelques années. On a souvent été dédaigneux avec cette tragédie. Voilà que Lukas Hemleb en donne une mise en scène passionnante, juste après celle, plus hésitante mais élégamment transposée, de Simon Abkarian.

Titus par Hemleb, à Gennevilliers[2], C'est un sacré souffle de terreur, mais surtout de théâtre sauvage et civilisé. On connaît cet hyper-mélodrame gore : on y tue, on y mutile, on y viole jusqu'à ce que Titus, le général vainqueur et humilié, se venge en faisant manger en pâté à l'impératrice barbare ses propres enfants ! Dans un décor de pierre grise qui change sans cesse de perspective, Hemleb réussit à conter la tragédie au premier degré dans une première moitié et, dans un second temps, s'autorise à en rire, à jouer une parodie où le monde contemporain surgit en clins d'œil de plus en plus nombreux. Quand l'interprétation est hors pair, la débauche d'éléments horrifiques cesse d'être gênante.

Roland Bertin y incarne Titus dans une très poignante douleur, avec son grand et sensible talent baroque, avec Anne Alvaro qui s'amuse manifestement à être la pire des messalines en jupette bouffante, avec Pascal Bongard qui joue l'empereur avec cette dignité lourde de lâcheté qu'on connaît à certains hommes politiques, à Grégoire Oestermann qui compose le frère de Titus dans une discrétion toute contraire à la frénésie générale et avec Julie Recoing à laquelle incombe le rôle difficile de la fille dont on a coupé la langue et les mains. On apprécie cette intelligence du spectacle où Hemleb sait à la fois être respectueux, en renouant avec le goût de l'époque, et libre, une fois retrouvé le ressort d'antan. Il peut mettre sur la table les casseroles et les seaux à champagne pour le festin cannibale du finale ! Le texte français est celui d'André Markowicz, d'un langage très heureux : il faut d'autant

1. Deux volumes parus en ouverture d'une intégrale échelonnée sur plusieurs années.
2. La création avait eu lieu en octobre 2003 à la Maison de la culture de Bourges.

plus le mentionner que nous parlerons plus loin d'une autre de ses traductions, beaucoup moins convaincante.

Hamlet, c'est quand même une plus grande pièce ! Le voilà, le prince du Danemark, à Nanterre, pieds nus, dans une sorte de grand débarras, un hangar pour brocante où cohabitent un canapé en tissu panthère, un réfrigérateur, un fragment de chapiteau corinthien, des galets cimentés arrachés à un bord de mer… Les acteurs vont slalomer dans ce bric-à-brac qui va évoluer d'acte en acte et prendre des tonalités de plus en plus désolantes. La mise en scène de Patrice Caurier et Moshe Leiser, coproduction franco-québécoise dont la première française a eu lieu au Gymnase de Marseille, s'inscrit dans une tradition d'insolence et de mauvais goût volontaire dont, en Europe, Mathias Langhoff est le plus brillant représentant. On n'est plus dans le temps où a été créée la pièce, les costumes sont hétéroclites, les relations à notre époque recherchées et les anachronismes voluptueusement alignés.

Le spectacle commence à un rythme d'enfer. Poussés par la musique, les personnages et le spectre enchaînent les scènes à vive allure. Et l'on se demande si Shakespeare va résister à cette accélération du temps. Mais le tempo va ralentir. Il faut bien donner vie à toute la pièce dans l'excellente traduction de Jean-Michel Déprats. Le roi et la reine ne quittent jamais leur couronne, même au lit. Ophélie est fagotée comme l'as de pique, surtout quand la folie lui tombe dessus. Les comédiens invités par Hamlet ont des

La Nuits des rois par la Troupe du Phénix, au Théâtre 13.

© Tatsuo Rokudo

Macbeth par la compagnie Ku Na'uka, au Café de la Danse.

pieds nus, il mène une danse du scalp très cérébrale par sa manière précipitée de lancer les mots et très physique par sa course et ses sautillements. De sa voix légèrement voilée, il ne laisse rien s'appesantir, tapit le désespoir d'Hamlet sous le plaisir d'une charge joyeuse. Il se grise de sa tristesse, rompant les limites de la clownerie et de la tragédie. Il a quelque chose d'un adolescent dostoïevskien oubliant sa foi. Tout cela dans un univers qui tient à la fois du palais de Ceaucescu et de l'entrepôt d'Emmaüs. Et ce chaos est formidable !

Dans la catégorie des spectacles réussis, on ajoutera *La Nuit des rois* mise en scène par Anne Bourgeois au Théâtre 13 : une réalisation

masques qui les font plus ressembler à Zorro qu'aux contemporains d'Arlequin. Laërte déboule sur une grande statue de cheval en stuc… Polonius, qui s'exprime parfois en tapotant sur un piano, est tué par Hamlet non pas d'un coup d'épée à travers un rideau mais assommé avec une chaise alors qu'il se cachait sous un dessus de lit.

Dans ce contexte apocalyptique, Charles Berling effectue un parcours haletant et convaincant. Le plus souvent vêtu d'une longue veste noire aux gros boutons gris, les

foraine de la troupe du Phénix, où s'insèrent dix chansons et où le ton de comédie musicale s'impose avec bonheur. Des spectacles étrangers sont aussi à signaler : aux Gémeaux de Sceaux l'Anglais Declan Donnellan a donné sa version de la même pièce, *La Nuit des rois*, mais en russe, jouée seulement par des acteurs de sexe masculin. Et, au Café de la Danse, le Japonais Satoshi Miyagi et sa compagnie Ku Na'uka ont présenté un *Macbeth*.

Mais Shakespeare résiste à certains

metteurs en scène et à certains acteurs. Que penser, par exemple, de *Dickie roi*, adaptation de *Richard III*, conçue et mise en scène par Joël Jouanneau, au théâtre de la Bastille ? On connaît l'importance de cet artiste dans le théâtre aujourd'hui, mais a-t-il raison de penser qu'il a un rapport « autobiographique » avec la pièce de Shakespeare et donc de créer Dickie comme un double de Richard, constitué avec des extraits de la pièce et de beaucoup d'autres textes ? Car il additionne Normand Chaurette, Michel Deutsch et Henri Michaux, pour ne citer que les plus substantiels. Le tout forme un show de la cruauté plutôt décousu.

Et *Richard II* tel que le monte Thierry de Peretti au théâtre de la Ville ? C'est une soirée élégamment vide. De Peretti, qui s'est fait connaître avec des pièces de contemporains (Koltès, De Lillo), s'est lancé dans cette histoire ancienne avec une bonne volonté désarmante. L'œuvre est particulièrement difficile, on y voit un souverain déchoir et rester en scène tandis que d'autres dévorent le royaume. Le metteur en scène s'est même attribué le rôle principal. C'est dire qu'il est vite dépassé et qu'il impose un style déclamatoire à sa troupe en espérant généraliser un climat tragique. Seule, Marina Hands, aux courtes apparitions, donne une palpitation à son personnage de reine malheureuse. La beauté d'un décor en forme de dune et le chic des éclairages ne sauvent rien. Ici, la traduction d'André Markowicz devient gênante : elle est en vers libres, le plus souvent rimés, dont les assonances deviennent vite mécaniques. Shakespeare est aux abonnés absents.

Mais il reste présent, d'une manière diabolique, sanglante et chaotique, en d'autres lieux et en d'autres acteurs.

G. C.

>> *Titus Andronicus*, **Théâtre de Gennevilliers**, 9 janvier-1er février (tél. : 01 41 32 26 27).
>> *Hamlet*, **Théatre Nanterre-Amandiers**, 15 janvier-15 février (tél. : 01 46 14 70 00).
>> *La Nuit des rois*, **Théâtre 13**, 13 janvier-22 février (tél. : 01 45 88 62 22).
>> *La Nuit des rois*, **Gémeaux**, Sceaux, 7-25 janvier (tél. : 01 46 61 36 67).
>> *Macbeth*, **Café de la Danse**, 24-31 janvier (tél. : 01 47 00 57 59).
>> *Dickie roi*, **Théâtre de la Bastille**, 7 janvier-7 février (tél. : 01 43 57 42 14).
>> *Richard II*, **Théâtre de la Ville**, 9-31 janvier (tél. : 01 42 74 22 77).

Britannicus de Racine

Néron est amoureux

On riait fort, l'autre soir au Vieux-Colombier. Ce n'était ni Molière, ni Plaute, mais Racine, mis en scène par Brigitte Jaques-Wajeman. Reprenant la préface de *Britannicus*, elle fait sienne la déclaration de l'auteur qui écrit à propos de Néron : « Je l'ai toujours regardé comme un monstre. Mais c'est ici un monstre naissant. » Pour le spectateur, Néron (Alexandre Pavloff) jouait plutôt les enfants gâtés qui trépignent à la moindre contrariété.

Robert Hirsch, en1962, adoptait un peu ce même registre, mais comme à l'époque Michel Vitold, le metteur en scène ne badinait pas avec la tragédie, que le mélange des genres n'était pas admis, sous le regard d'Annie Ducaux en Agrippine, il n'osait pas s'affranchir d'une certaine dignité, il choisissait la feinte obéissance, la sournoiserie perverse.

Pourtant, depuis longtemps on avait remarqué le langage précieux des Pyrrhus, Néron, Mithridate parfaitement déplacé dans leur situation. L'Histoire les présente comme des chefs, et dans le théâtre racinien, ils hésitent. « Que veux-tu que je fasse ? » demande l'empereur à son esclave. Et comment ne pas se rendre ridicule quand on avoue avoir peur de sa mère : « Éloigné de ses yeux, j'ordonne, je menace », mais qu'elle le regarde, et son « Génie étonné tremble devant le sien. » Elle (Dominique Constanza), prend des poses de reine mère outragée : « Mais qu'il songe un peu plus qu'Agrippine est sa mère » qui font d'autant plus sourire, qu'avec une caresse, Néron l'amadoue : « Doutez-vous d'une paix dont je fais mon ouvrage ? »

Autre occasion de rire, ce Néron, aveuglé par son désir, qui ne conçoit pas qu'on lui résiste mais s'aplatit en compliments :
« . . . . Madame, est-ce donc une légère offense
De m'avoir si longtemps caché votre présence ? »
Il étale sa fatuité :
« [. . .] je vous nommerais Madame un autre nom
Si j'en savais quelque autre au-dessus de Néron. »

Il cueille les scrupules de Junie envers Octavie avec ironie : « C'est de ses intérêts prendre beaucoup de soin. » Il n'a plus de mesure, fait la leçon à son précepteur : « Mais, croyez-moi, l'amour est une autre science. » Il vibre de dépit amoureux : « Elle aime mon rival, je ne puis l'ignorer » et manie la mauvaise foi avec un aplomb stupéfiant :
« Avec Britannicus contre moi réunie,
Vous le fortifiez du parti de Junie. »

Roland Barthes parlait du « caractère ambigu du théâtre racinien » pour justifier les difficultés de l'interprétation. Néron fait sa cour en précieux, se dépense en œillades, piques et simagrées, mais en vain. Il surprend les amants. Or, « dans une chambre du palais de Néron », il n'y a pas de placard où se cacher, la « fameuse Locuste » fournit le poison et Britannicus expire.

D. D.

>> **Théâtre du Vieux-Colombier**, juqu'au 6 mars, (01 44 39 87 00).

Un trou de mémoire

Un trou percé sous la scène, dissimulé par un capot, permettait au souffleur caché de combler les trous de mémoire des comédiens ! Avec sa logique bien à lui, le vocabulaire donne le même nom au mal et à son remède. Dans les années soixante, vouées à l'avènement du metteur en scène, le trou du souffleur a disparu des scènes dont il cassait l'axe optique en proscenium.

DANS LES DESSOUS de la Comédie-Française, le trou où s'installait autrefois le souffleur ne sert plus. Mais le métier ne s'est pas tout à fait éteint. Le Français, place Colette, reste le dernier théâtre où perdure la tradition du souffleur. Car alternance oblige, les comédiens ont plusieurs textes à connaître et pas toujours le temps de les apprendre.

Annette Barthélemy est l'une des quatre souffleuses du Français. Aujourd'hui, la profession a changé d'appellation. Jusqu'à hier Annette Barthélemy était « régisseur assistante », elle vient d'apprendre en ce début d'année, qu'elle se nommerait désormais « régisseur artistique ». Voilà dix ans qu'elle travaille à la Comédie-Française, où l'a fait entrer Jean-Pierre Miguel avec qui elle collaborait depuis dix ans déjà. Annette Barthélemy a travaillé avec « presque tous les metteurs en scène de France et de Navarre ». Elle a été l'assistante des plus grands noms du théâtre, et prend plaisir à les citer : Jacques Lassalle, Roger Planchon, Jean-Pierre Miguel, Jean-Pierre Vincent. Il est « hors de question » qu'elle s'absente durant les répétitions, car elle est chargée de noter toutes les indications données par le metteur en scène, dont elle représente « la mémoire ».

Et le métier de souffleur dans tout ça ? Annette Barthélemy souffle leur texte aux comédiens durant les répétitions, en leur lisant « un petit mot par-ci par-là », histoire de raviver les mémoires. Elle consacre aussi deux heures le matin à ceux qui ont besoin de son aide pour apprendre leur texte. Et bien sûr, elle reste à leurs côtés lors des représentations. Le trou du souffleur ne sert plus, tant mieux car Annette Barthélemy n'aurait « pas du tout aimé » s'y installer. Elle se place donc en coulisse et souffle le plus souvent « en aveugle », comme pour *L'Avare* ou *Ruy Blas*, car les décors lui permettent rarement de se retrouver face aux comédiens. « À cinquante et un ans, j'ai de la bouteille, alors quand un acteur va avoir un trou, je le sais bien avant lui, explique Annette Barthélemy. Quand je le devance ainsi, c'est un vrai bonheur ! » Lorsqu'elle sent que le mot ne va pas venir, elle anticipe en le soufflant au comédien, ou en reprenant tout le début de la phrase. « Si cela ne suffit pas à lui remettre son texte en mémoire, je saute carrément trois lignes, mais c'est exceptionnel », précise-t-elle. Tout l'art consiste à se faire comprendre des comédiens sans se faire entendre du public. Il faut donc « surarticuler et chuchoter ». Mais parfois le geste doit se substituer à la parole. La régisseur se souvient d'une comédienne qui avait oublié la réplique « je t'aime » et qui ne parvenait pas à l'entendre. Elle a pensé à « ouvrir grand les bras » et les mots lui sont revenus. Pour Annette Barthélemy, le trou de mémoire fait « partie intégrante du métier d'acteur, qui doit apprendre à le gérer lui-même ». À chacun sa technique. Certains comédiens recourent à un synonyme du mot oublié ou inventent une rime. D'autres se retournent, font mine de dire leur réplique à voix basse, puis reviennent face au public et reprennent là où ils peuvent.

Mais à quoi est dû ce fameux trou de mémoire ? Soit à un manque d'attention soit au contraire, et c'est le plus souvent le cas, à une hyper concentration. Annette Barthélemy doit faire face à tous les imprévus. Sur *La Forêt* d'Ostrovski, mis en scène par Piotr Fomenko, Mathieu Genet est tombé sur une souche et s'est cassé le bras en pleine représentation. La Comédie-Française a donc dû baisser le rideau et lui trouver un remplaçant du jour au lendemain. C'est Thomas Blanchard qui a repris le rôle de Boulanov le 23 décembre, sans avoir eu le temps d'apprendre certaines scènes, notamment celle du combat, dont la gestuelle demande beaucoup d'efforts physiques. Installée sur le manteau du théâtre, Annette Barthélemy lui a donc soufflé entièrement la scène. « Je suivais chacun de ses déplacements en courant de la cour au jardin, se souvient-elle. J'ai bien cru la mission impossible, mais nous y sommes finalement parvenus. »

© B. N.
Le souffleur sur le boulevard du Crime. Gravure de Daumier.

Le souffleur apporte soutien et réconfort aux comédiens. Durant le spectacle, Annette Barthélemy joue surtout un rôle de « présence affective ». Car « quand Catherine Samie me dit : “ Tu me tiens, Annette ! ”, elle connaît son texte ». Annette Barthélemy s'interroge alors : et « si la présence du souffleur favorisait le trou de mémoire des comédiens »...

Amélie CORDONNIER

Les « acteurs-dieux » du Kathakali

Originaire du Kérala, Inde du Sud, le Kathakali est une forme théâtrale du xvie où les acteurs dansent et miment les grandes épopées divines du Mahabharata ou du Ramayana – textes fondateurs de l'hindouisme. Un « art total », symbolique, rigoureusement codé et visuellement spectaculaire.

Un théâtre sacré populaire

« Le Kathakali est comme une expression divine. Les acteurs, en transe, se transforment en dieux et par la magie de la reconstitution, envoûtent le spectateur » raconte Rajesh, maître de Kathakali d'une petite école du Kérala. Selon la tradition, avant la représentation qui dure de l'aube au crépuscule, les acteurs effectuent une série de rites les rapprochant des dieux, les conduisant progressivement vers un état second - nécessaire pour celui qui se prépare à incarner la peau d'une divinité. Mais, « le Kathakali est un théâtre sacré populaire », pour reprendre l'expression de Milena Salvini, auteur de *L'histoire fabuleuse du Kathakali*. « L'histoire est sacrée mais narrée en langue populaire, le maleyalam, dialecte du Kérala. Et c'est précisément ce qui a contribué à le rendre accessible. » Dans le Kathakali, « histoire jouée », les acteurs miment et dansent. Deux musiciens les accompagnent : l'un joue du *chenda* (instrument aux sonorités variées soulignant les intentions de l'acteur), l'autre, aux percussions, rythme la danse. Les chanteurs sont les seuls habilités à narrer le texte, les acteurs pouvant seulement prononcer des cris ou des sons. « La musique, le drame, la danse, la pantomime et cette richesse inouïe d'expressions dans le langage théâtral font du Kathakali une forme d'art " totale " et vraiment singulière » note avec enthousiasme C. Godard de la Maison des Cultures du Monde.

Le maquillage : chef d'oeuvre du grimage en relief

« Le Kathakali transforme l'identité de l'acteur pour créer un être superbe, aussi grandiose que l'épopée divine qu'il va danser. » commente Rajesh. Et rien n'est plus éloquent que le maquillage, vesham, chef d'oeuvre du grimage en relief. Exécuté par un spécialiste à même le visage, il accuse les caractéristiques psychiques par l'importance de l'ornementation. Cet art de sculpter et teinter les états d'âme, explique que l'Inde possède peu de théâtres masqués au profit du « masque mobile » qui laisse toute liberté d'action au visage de l'acteur. « Il offre une variété de formes et une complexité exubérante où dessins et couleurs rivalisent de symbolisme » précise Milena Salvini. Un symbole que le Kathakali rattache à ses cinq caractères. Le *Pacca* dépeint les héros nobles au grand coeur. Le *Katti*, reconnaissable à son couteau, mélange l'héroïsme et la perversion. Tous deux ont un maquillage vert,

© Pauline Garaude

une jupe blanche et une veste rouge. Le *Tati* personnifie les types obscurs, non éclairés par la raison. La couleur de sa barbe (rouge, noire ou blanche) est elle aussi symbolique. Le *Kari*, entièrement noir et terrifiant, représente les démons. Quant au *Minukku*, seul caractère « féminin » du Kathakali, au maquillage doux, jaune ou rosé, il désigne la sagesse. Cette transformation de l'apparence humaine répond aux exigences dramatiques et plastiques du Kathakali : elle est l'aboutissement des arts rituels et savants qui furent ses prédécesseurs.

Un langage de signes

« Des mains qui dansent et qui parlent : pour beaucoup d'entre nous, l'Inde est le pays des mudra, ou " langage des signes " dont la source remonte aux rites religieux anciens du tantrisme et du védisme » rappelle Milena Salvini. Et le Kathakali en est l'exergue ! Mouvements des mains, du visage, des yeux, des pieds : chaque geste ou mimique dépeint une idée, une situation, un état d'être. La danse et le mime obéissent à des codes précis. « Les rythmes et pas de pieds, décrivent sept motifs rythmiques correspondant à sept humeurs. Pour le visage, le travail de l'acteur est axé sur les paupières, les sourcils, la bouche et le cou. En corrélation avec le mouvement des yeux et des mains (vingt-quatre positions), l'acteur étudie les neuf états affectifs de base : amour, mépris, jalousie, dépit, tristesse, colère, héroïsme, peur, dégoût, sérénité et timidité » commente Karunakaran, légende vivante du Kathakali et enseignant à Paris. Ainsi, les arcades sourcilières frémissent dans l'expression de la colère, les commissures des lèvres frémissent dans la tristesse, la colère fait tressaillir les pommettes... Tout un art qui nécessite huit années d'apprentissage ! Et qui fascine lorsqu'on le voit ! Ce qui fait souvent dire à ses admirateurs : « Le chant chargé d'émotion, la puissance des percussions, la densité de l'action dramatique, tout contribue à faire du Kathakali un spectacle entre le théâtre et la magie. »

Pauline GARAUDE

>> Spectacle de kathakali avec le maître Karunakaran. Le 29 février à 16h. **Centre culturel indien**. 4, Square Rapp. 75007 Paris. (Tél. : 06 18 53 38 22)
>> *L'histoire fabuleuse du Kathakali à travers le Ramayana*, M. Salvini. Ed. Jacqueline Renard. Rens. : 01 45 89 01 60 (Centre Mandapa)

Wajdi Mouawad

Une violence maîtrisée

« À HUIT ANS, je vivais au Liban, je gardais des moutons. Je ne savais même pas ce que le mot Québec signifiait. Une nouvelle marque de Kalachnikov ? » Wajdi Mouawad, 36 ans cette année, auteur de sept pièces de théâtre, metteur en scène et directeur artistique du Théâtre de Quat'sous, l'équivalent québécois d'un Théâtre Ouvert, porte sous sa gentillesse et ses sourires sincères, une violence sourde et maîtrisée. « Je suis né avec cette violence. Elle m'a éduqué. Ma tante, la guerre m'a élevé. » Il parle avec précision, écrit avec lyrisme et s'attache dans ses textes à la recherche des origines. En 1998, on découvrait *Littoral*, l'histoire d'un fils qui doit enterrer son père. Aujourd'hui c'est *Incendies*, où comment à la mort de leur mère, deux jumeaux apprennent à connaître l'histoire de celle qui les a mis au monde. Wajdi Mouawad a vécu la guerre puis l'exil, mais c'est le thème de la famille qui l'oppresse. Famille, nœud de toutes les souffrances, de tous les conflits, de toutes les colères.

Dans cette écriture métissée qui mêle français, arabe, anglais et différents niveaux de québécois (il commande à ses acteurs des accents plus ou moins prononcés), l'auteur revisite les formes antiques. Sophocle l'intéresse tout particulièrement « parce qu'il est dans le doute quant à l'existence des Dieux ». Mais il y a aussi Peter Brook, grâce à qui, il a compris que « pour pouvoir jouer avec le temps, il faut que l'espace soit le plus neutre possible ». Wajdi Mouawad cite aussi des penseurs que sa pratique compulsive de la lecture lui a fait croiser. « Je suis un plagieur assumé. Je pique parfois une phrase à droite ou à gauche. Ce n'est pas le texte ou la mise en scène qui m'importe, c'est le théâtre ». Il parle un français parfait, sans accent, ni de son pays d'origine, ni de son pays actuel. « Je suis arrivé en France, j'avais huit ans. Je ne parlais pas français. On m'a tout de suite mis à l'école, en CM2. J'étais paumé, j'ai redoublé. Pendant les grandes vacances, j'ai appris le français et j'ai tout de suite compris qu'il fallait que je perde mon accent arabe. » À quinze ans, il quitte la France pour le Québec, poursuit son apprentissage littéraire grâce à un ami qui lui met entre les mains des lectures majeures. « Le terrifiant malaise qui m'habitait me quitte peu à peu. » Son écriture d'aujourd'hui, sans être apaisée pour autant, s'éclaire d'un espoir de rédemption. Il a en tête une suite à ces deux pièces. Peut-être un triptyque. Peut-être une tétralogie. C'est la colère qui sera son guide.

E. P.

>> *Incendies*. Texte et mise en scène de Wajdi Mouawad du 13 janvier au 1er février au **Théâtre 71** de Malakoff. Les textes de ses pièces sont édités chez Actes Sud.

Le Théâtre de la Tête noire à Saran

Le carrefour des auteurs

SARAN est une petite commune (15 000 habitants), à quelques kilomètres d'Orléans. Or, pour l'art dramatique, pour les dramaturges français et étrangers, c'est un lieu important grâce au Théâtre de la Tête noire que Patrice Douchet a fondé en 1985 et que l'État vient de nommer « Scène conventionnée pour les écritures contemporaines » : une vaste chapelle devenue théâtre avec une salle de deux cents places, un café littéraire et une théâtrothèque où l'on peut venir travailler et même emprunter des livres. Donc un carrefour de créations et de recherches qui brille d'une lumière vive dans l'ombre des grosses structures réunies au Carré Saint-Vincent d'Orléans.

Patrice Douchet, dont les plus récentes mises en scène sont celles de *Hiroshima mon amour* de Marguerite Duras et Bouli Miro de Fabrice Melquiot (ce spectacle-là n'arrête pas de tourner), n'avait jamais mis les pieds dans un théâtre quand il était enfant. Fils d'un ouvrier métallurgiste, il fit l'École normale, enseigna puis lâcha tout, après avoir rencontré des gens de théâtre. Il partit se former à l'école Charles Dullin à Paris et revint dans le Centre pour s'occuper de théâtre jeune public avant de créer la Tête noire et d'opter pour le théâtre contemporain. Il trouva dans la municipalité et son maire, Michel Guérin (PC), un soutien qui ne s'est jamais démenti.

« Notre nomination comme scène conventionnée pour les écritures contemporaines nous donne plus de moyens et identifie mieux le lieu et le projet, dit Patrice Douchet. Cela donne un coup de pouce à la ville, mais, d'abord, cela assoit un travail de longue date. J'ai une admiration totale pour les gestes d'écriture, je garde la vénération de l'intellectuel. Je pense que, si le monde doit être sauvé, ce sera par les mots. Ici, à la Tête noire, on voit d'abord les livres, on entre par la bibliothèque et un bar littéraire avant de gagner un théâtre d'un archaïsme raffiné, qui veut se servir avec élégance de matériaux bruts. »

La notion d'écriture contemporaine est entendue de façon ouverte. En mai, Patrice Douchet rendra hommage à un de ses amis, Jean-Marie Guérin, sculpteur disparu, avec *Une machine est une machine… Comme un machin est un machin mais en bien plus féminin*. L'an prochain, pour les vingt ans de la Tête noire, il montera *Noces de sang* de Garcia Lorca dans une traduction nouvelle de Fabrice Melquiot. Quant aux vivants, ils sont toujours présents : Slimane Benaïssa et François Bon sont les deux auteurs résidents de la saison.

G. C.

>> **Théâtre de la Tête**
144, ancienne route de Chartres 45770 Saran.
(tél. : 02 38 73 02 00).

Sur les rayons

SIMON Yoland, *Fichue Météo*. Les auteurs dramatiques sont aussi des poètes, des sociologues, des portraitistes. Yoland Simon croque en quelques lignes les attitudes, les événements, les manies de ses concitoyens, ses frères, les hommes. Savoureux.

>> HB éditions, 13 €

Essai

SEPHIHA Marc-Olivier, *Jean Gillibert ou l'autre Théâtre*. C'est sous la forme d'un entretien que Marc-Olivier Sephiha raconte la vie d'un homme passionné, qui s'est très tôt placé sous l'égide d'Artaud, « devenu fou faute d'avoir pu faire admettre que ses démons cachés étaient aussi les nôtres ». Jean Gillibert s'est battu contre la malédiction et a travaillé à former deux générations d'acteurs et de metteurs en scène qui puissent autant « échapper à la langue de bois du discours vertueux », que garder l'ivresse d'un art inventé par Dionysos.

Esprit libre entré au lendemain de la Libération dans le jeune groupe du Théâtre antique de la Sorbonne, il a vite dénoncé « l'art officiel », et assuré la direction du festival de Châteauvallon, de 1966 à 1978, en refusant d'être « l'esclave » d'un ministère. Thérapeute de formation, il n'a jamais confondu le théâtre et la psychanalyse. Fidèle à ses engagements, il n'a jamais confondu l'ersatz et le vrai vin.

>> Phébus, 19, 50 €

Théâtre

VOLTAIRE, *Zaïre ou le Fanatisme ou Mahomet et le Prophète*, suivi de *Nanine ou l'Homme sans préjugé* et *Le Café ou l'Écossaise*. Le théâtre de Voltaire passe pour complètement démodé, voire inutile. Or, il triomphait à la Comédie-Française où il fut plus joué que Corneille et Racine, jusqu'au début du xxe siècle. Jean Goldzinck veut absolument qu'avant de le juger, ce théâtre soit disponible et qu'on le lise, au moins ceux qui en font profession. C'est au nom de la Culture et du Patrimoine qu'il « supplie » qu'ont s'intéresse un peu à notre mémoire.

Avec notes, chronologie et bibliographie.

>> Garnier Flammarion, 10 €

Nouvelles dramaturgies d'Afrique noire Francophone sous la direction de Sylvie Chalaye, préface de Caya Makhélé. De l'Afrique francophone, surgit depuis une décennie une dramaturgie riche et originale qui sort la francophonie de la pétrification et des embaumements du deuil. Sylvie Chalaye[1], parcourt ces écritures qui renouvellent la nôtre, ces auteurs qui cultivent des métaphores nouvelles et n'hésitent devant aucune Histoire[2], ils « travaillent sur la conscience, la leur et la collective » dit Amiel Melnick. Ce Théâtre-là souvent violent, toujours poétique entretient une véritable subversion, tant dans les idées que dans la langue.

>> Collection Plurial 12, Presses Universitaires de Rennes, 12 €

D. D.

1. Lire sa préface aux *Effracteurs* de José Pliya, l'Avant-Scène Théâtre, collection des Quatre-Vents, 12 €
2. Koffi Kwahulé « se projette aux États-Unis » et José Pliya dans « l'Allemagne nazie ».

Parution février 2004

L'avant-scène théâtre Collection des Quatre-Vents

couverture : Photomontage de portraits retouchés / © AKG Paris

Au théâtre...
Les Hommes de rien se jouent
du 9 au 27 mars 2004
à La Grande Dîmière de
Fresnes dans un mise en scène
de Dominique Verrier.
(tél. 01 49 84 56 91)

Les Hommes de rien
88 pages, 110 x 190 mm.
prix : 10€
ISBN : 2-7498-0926-6

Eudes Labrusse

Les Hommes de rien

(éphéméride apocryphe de Jules Bonnot)

Théâtre Contemporain / Préface de Danielle Dumas

11 personnages : 8 hommes / 2 femmes / 1 enfant (durée : 2 h.)

L'Auteur

Né en 1963, écrivain et metteur en scène, Eudes Labrusse est codirecteur du Théâtre du Mantois avec lequel il organise le festival des Francophonies Théâtrales pour la Jeunesse et la saison artistique de la salle de La Nacelle à Aubergenville. Il a notamment écrit *Le Rêve d'Alvaro*, *Le Voyage du soldat David Sorgues* (L'Avant-Scène théâtre), *Le Collier de perles du Gouverneur Li-Qing et Monsieur et Monsieur* (créés en avril 2002 par le Théâtre du Mantois et édités à L'Avant-Scène théâtre), *Nalia, la nuit* dans le cadre d'une résidence d'écriture à Bamako. Agrégé de Lettres, il enseigne parallèlement à Mantes-la-Jolie, où il anime divers ateliers de pratiques artistiques.

Résumé

Madeleine Rouvière, maîtresse imaginaire de Jules Bonnot, est déchirée entre sa passion funèbre pour l'homme de rien, le rebelle assassin vomi par toute une société, et son désir d'une vie humble mais digne que lui offre André, le frère aîné de Jules, devenu un « honnête ouvrier ». Elle devra choisir entre l'amertume de l'amour impossible et celle de la trahison.

Une tragédie moderne

* **Variation autour de l'épopée sanglante qui terrifia la société française de la Belle Époque par sa tentative désespérée d'illégalisme anarchisant**, la pièce de Eudes Labrusse surprend par sa violence et sa subtilité.

* **En introduisant dans un univers très masculin, le personnage magnifique de Madeleine, l'auteur nous montre une Antigone moderne,** perdue entre une passion funeste et un sens du devoir redoutable.

* **L'écriture est saisissante,** oscillant entre un lyrisme pur et sobre et un souci d'authenticité revendiqué : **la retranscription de l'histoire de la tristement célèbre Bande à Bonnot est éblouissante, criante d'actualité !**

DISPONIBLE EN LIBRAIRIE OU SUR COMMANDE
Avant-Scène théâtre : 6 rue Gît-le-Cœur, 75006 Paris, tél. : 01 46 34 28 20
Contact presse : Alexandra Bernard, tél. : 01 53 63 80 60

À paraître, mars 2004

L'avant-scène théâtre **Collection des Quatre-Vents**

couverture : Stanislas Bouvier

Chère Elena Sergueievna

96 pages, 110 x 190 mm.

prix : 11€

ISBN : 2-7498-0927-4

Ludmilla Razoumovskaïa
Chère Elena Sergueievna

Théâtre Contemporain (Réédition)

Texte français de Joëlle et Marc Blondel

Préface par Marie-Christine Autant-Mathieu

5 personnages : 3 hommes / 2 femmes (durée : 2 h.)

L'Auteur

Née en 1949, Ludmilla Razoumovskaïa vit à Saint-Pétersbourg. Après avoir souhaité être comédienne, elle se consacre à l'écriture théâtrale à partir de 1976. Auteur d'une quinzaine de pièces, la plupart en deux actes, et de deux films, ses œuvres sont traduites en anglais, en allemand, en italien, en suédois, en finnois, en norvégien, en islandais et en japonais.

Résumé

Armés d'un gros bouquet de roses, d'un service de cristal et d'un large sourire, quatre élèves de Terminale sonnent chez Elena Sergueievna, leur professeur. Ils viennent soi-disant lui souhaiter son anniversaire. Émue par tant de gentillesse, Elena les invite à partager un reste de gâteau. Mais peu à peu, le ton change ; ils ne sont là que pour récupérer la clé du casier où dorment leurs copies d'examen final, qu'ils souhaitent corriger eux-mêmes.
Un chantage d'une incroyable violence s'engage contre l'enseignante.

Retrouvez *Chère Elena Sergueievna*, de Ludmilla Razoumovskaïa, **en tournée :**

Les 2 et 3 mars au Fanal – Scène nationale de Saint-Nazaire – Location : 02 40 22 39 38
Du 9 au 13 mars à la Comédie de Reims – Location : 03 26 48 49 10
Le 19 mars au Centre Culture Boris Vian des Ulis – Location : 01 69 29 34 90
Du 23 au 31 mars au Théâtre national de la Communauté Wallonie-Bruxelles – Location : (00 32) 2 274 23 41
Le 3 avril au Théâtre du Pays d'Arles – Location : 04 90 52 51 55
Du 7 au 16 avril à la Criée – Théâtre national de Marseille – Location : 04 96 17 80 00
Le 29 avril au Théâtre Romain Rolland de Villejuif – Location : 01 49 58 17 00

Avant-Scène théâtre : 6 rue Gît-le-Cœur, 75006 Paris, tél. : 01 46 34 28 20
Contact presse : Alexandra Bernard, tél. : 01 53 63 80 60

Parution février 2004

L'avant-scène théâtre Collection des Quatre-Vents

Marc Dugowson
Dans le vif

Théâtre Inédit / Préface de Serge Kribus

12 personnages : 9 hommes / 3 femmes (durée : environ 2 h.)

L'Auteur

Après dix années de pratique théâtrale, Marc Dugowson se consacre exclusivement à l'écriture dramatique. Il est l'auteur d'une douzaine de textes dont plusieurs ont été représentés ou radiodiffusés. En 2002, Marc Dugowson écrit ***Un siècle d'industrie***. Éditée à L'Avant-Scène théâtre, **la pièce est traduite en anglais et en anglo-américain, et obtient l'aide à la création du ministère de la Culture.** La même année, à la suite d'une commande de Paul Golub et de la compagnie du Volcan Bleu, ***Celle qui courait après la peur*** est créée au Théâtre de l'Union – CDN de Limoges. La pièce est reprise à Paris fin 2003. **Marc Dugowson a reçu une bourse Beaumarchais en 2003 pour l'écriture de *Dans le vif*.**

Résumé

1890. Comme nombre d'enfants issus de la classe paysanne, Jules-Étienne Scornet naît sous une bien mauvaise étoile. Une mère morte en couches, un père mesquin, une éducation confiée à un homme d'Église hypocrite et pervers hantent l'esprit du jeune garçon lorsque survient la Grande Guerre. **Terré au milieu des tranchées froides et incertaines, embarqué dans une camaraderie de circonstances, horrifié devant le sordide spectacle des obus qui explosent et mutilent des vies, sortira-t-il indemne de tant d'absurdités ?**

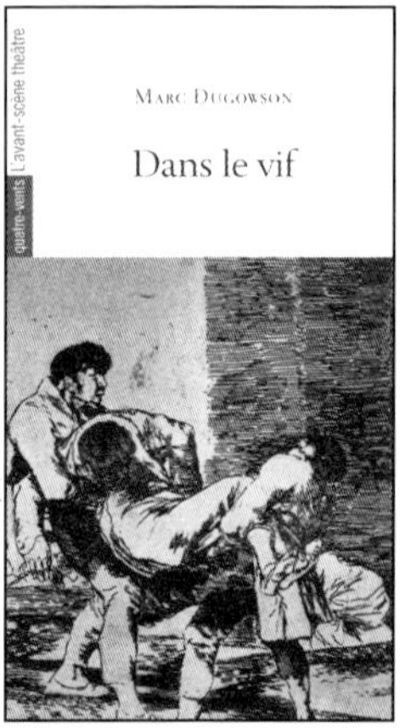

couverture : Francisco de Goya / © Corbis

Dans le vif
88 pages, 110 x 190 mm.
prix : 10€
ISBN : 2-7498-0925-8

Une pièce forte et contestataire

* Marc Dugowson propose **une vision de la Grande Guerre fascinante et originale.** Sans s'attarder sur son aspect sanglant et meurtrier, il met en avant **son absurdité, son cynisme** et suggère avec pudeur **la souffrance de l'homme réduit à subir l'interminable attente de l'assaut**, terré dans les tranchées.

* Sa description lucide de la guerre se double d'**une peinture sociale très forte et acérée. Son écriture est limpide**, juste, jamais affectée, **ses personnages** saisis à un moment précis de l'Histoire, sont **à la fois simples, bruts et formidablement émouvants.**

Du même auteur
Un siècle d'industrie
(coll. des Quatre-Vents, 2003)

Les dernières parutions de L'avant-scène théâtre

1089 - 1er mai 2001-10,06 €
Les Directeurs (Daniel Besse)

1090 - 15 mai 2001-10,06 €
La Valse à 3 temps suivie de *Chambre au Nord* (Marc Frémond)

1091 - 1er juin 2001-10,06 €
Cravate Club
(Fabrice Roger-Lacan)

1092 - 15 juin 2001-10,06 €
Volpone ou le Renard
(Ben Jonson, adap. J. Collette et T. Cecchinato)

1093 - 1er juillet 2001-10,06 €
Asservies (Sue Glover, trad. G. P. Couleau)

1094 - 15 juillet 2001-10,06 €
La Polonaise d'Oginski
(Nicolaï Koliada)

Hors série - 10 €
Le Squat (Jean-Marie Chevret)

1095 - 15 septembre 2001- 10 €
Les Plaisirs scélérats de la vieillesse (Michel Philip)

1096 - 1er octobre 2001-10 €
Itinéraire bis (Xavier Daugreilh)

1097 - 1er octobre 2001-10 €
Une femme parfaite
(Roger Hanin)

1098 - 15 octobre 2001-10 €
Crime et châtiment (d'après Dostoïevski, adap. G. Baty)

1099 - 1er novembre 2001-10 €
Madame Sans-Gêne
(de Victorien Sardou, version nouvelle P. Laville)

1100 - 15 novembre 2001-10 €
Madame Doubtfire
(adap. française d'Albert Algoud)

1101 - 1er décembre 2001-10 €
Jalousie en trois fax (Esther Vilar)

1102 - 15 décembre 2001-10 €
Visites à Mister Green
(Jeff Baron, adapt. S. Galland et T. Joussier)

1103 - 1er janvier 2002-10 €
Impair et père (Ray Cooney, adapt. S. Vaughan et C. Barc)

1104 - 15 janvier 2002-10 €
La Griffe (C. d'Anna et L. Bonin)

1105 - 1er février 2002-10 €
Léo (Patrick Lunant)

1106 - 15 février 2002-10 €
Amphitryon (Molière)

1107 - 1er mars 2002-10 €
Ici ou ailleurs (Robert Pinget)

1108 - 15 mars 2002-10 €
Reste avec moi ce soir (Flavio de Souza, adapt. L.-C. Sirjacq)

1109 - 1er avril 2002-10 €
Jeux de planches
(Jean-Paul Alègre)

1110 - 15 avril 2002-10 €
La Paix ! (d'après Aristophane, adapt. S. Tesson)

1111 - 1er mai 2002-10 €
Le Menteur (Pierre Corneille)

1112 - 15 mai 2002-10 €
Elvire (Henry Bernstein)

1113 - 1er juin 2002-10 €
Cinquante-cinq dialogues au carré (Jean-Paul Farré)

1114 - 15 juin 2002-10 €
La Comédie des travers
(Frédéric Sabrou)

1115 - 1er juillet 2002-10 €
Platonov (Anton Tchekhov ; ad. : Éric Lacascade)

1116 - 15 juillet 2002-10 €
Le Testament comique
(Guy Vassal, d'après Jean-François Regnard)

1117 - 1er août 2002-10 €
Une journée d'enfer
(J.-L. Bauer et F. Michelet)

1118 - 15 août 2002-10 €
Baron (Jean-Marie Besset)

1119 - 1er septembre 2002-10 €
Un petit jeu sans conséquence
(Jean Dell et Gérald Sibleyras)

1120 - 15 septembre 2002-10 €
Sarah (John Murrell ; Adap. Eric-Emmanuel Schmitt)

1121 - 1er octobre 2002-10 €
Les Couleurs de la vie (Andrew Bovell ; Adap. Michel Fagadau)

1122 - 15 octobre 2002-10 €
Hysteria (Terry Johnson ; adapt. : Lulu et Michael Sadler)

1123 - 1er novembre 2002-10 €
Mangeront-ils ? (Victor Hugo)

1124 - 15 novembre 2002-10 €
Le Limier (Anthony Shaffer ; adapt. : Jacques Collard)

1125 - 1er décembre 2002-10 €
Futur conditionnel
(Xavier Daugreilh)

Hors série - 15 €
Numéro spécial Cirque (Collectif)

1126 - 15 décembre 2002-10 €
Les Papiers d'Aspern (d'après Henry James ; ad. : Jean Pavans)

1127 - 1er janvier 2003-10 €
Un vrai bonheur (Didier Caron)

1128 - 15 janvier 2003-10 €
Le Vent des peupliers
(Gérald Sibleyras)

1129 - 1er février 2003-10 €
Les Deux Trouvailles de Gallus
(Victor Hugo)

1130 - 15 février 2003-10 €
À chacun sa vérité
(Luigi Pirandello ; texte français : Huguette Hatem)

1131 - 1er mars 2003-10 €
Doit-on le dire ? (Eugène Labiche)

1132 - 15 mars 2003-10 €
À vif suivi de *Des frites belges à New York* (Daniel Besnehard)

1133 - 1er avril 2003-10 €
La Chaise de paille (Sue Glover ; ad. : Guy Pierre Couleau)

1134 - 15 avril 2003-10 €
Danger... public (Frédéric Sabrou)

1135 - 1er mai 2003-10 €
La Reine de beauté de Leenane
(Martin McDonagh ; ad. : Gildas Bourdet)

1136 - 15 mai 2003-10 €
Les Poings qui volent
(Israël Horovitz ; tr. : J.-P. Alègre)

1137/1138 - 1er et 15 juin 2003-10 €
Festival Les Extravagants : *Trois balles de match* (Thierry Georges-Louis) suivi de *Cut* (Emmanuelle Marie)

1139 - 1er juillet 2003-10 €
Esther (Jean Racine)

1140 - 15 juillet 2003-10 €
Figure (Pierre Charras)

1141 - 1er août 2003-10 €
Le Caprice de Polichinelle
(Robert Destanque)

1142 - 15 août 2003-10 €
Des cailloux plein les poches
(Marie Jones ; ad. : Attica Guedj et Stephan Meldegg)

1143 - 1er septembre 2003-10 €
Hypothèque (Daniel Besse)

1144 - 15 septembre 2003-10 €
L'amour est enfant de salaud
(Alan Ayckbourn ; Ad. : M. Blanc)

1145 - 1er octobre 2003-10 €
La Belle Mémoire (Martine Feldmann et Pierre-Olivier Scotto)

1146 - 15 octobre 2003-10 €
Homebody/Kabul (Tony Kushner ; Texte français : Pierre Laville)

Hors série - 15 octobre 2003-10 €
La Belle Éveillée (Jean-Louis Bauer)

1147 - 1er novembre 2003-10 €
Solness le constructeur (Henrik Ibsen ; Texte français de Hélène Hervieu et Sandrine Anglade)

1148 - 15 novembre 2003-10 €
Les Amazones (Jean-Marie Chevret)

1149 - 1er décembre 2003-10 €
L'Invité (David Pharao)

1150 - 15 décembre 2003-10 €
L'Inscription (Gérald Sibleyras)

1151 - 1er janvier 2004-10 €
L'Homme, la Bête et la Vertu
(Luigi Pirandello ; Ad. : T. Cecchinato et J. Collette)

1152 - 15 janvier 2004-10 €
Le Roi Victor (Louis Calaferte)

1153 - 1er février 2004 - 10 €
La Quatrième Sœur (Janusz Glowacki Ad. Kinga et Klara Wyrzykowska)

Vente au numéro

Théâtre	Simple	Double
Jusqu'au n° 834	6 €	8 €
Du n° 835 au n° 900	9 €	11 €
À partir du n° 901	10 €	14 €

Les numéros doubles rassemblent deux numéros de la revue.

Musique	9 €
Ballet/Danse	
Du n° 1 au n° 8 (n° 9 et n° 10 épuisés)	13 €
Du n° 12 au n° 15 (n° 11, n° 14 et n° 16 épuisés)	15 €

Frais de port par numéro

À la suite de réclamations de nos clients, les expéditions pour certains pays étrangers se font en recommandé, ajouter 3,66 € supplémentaires aux frais de port. Pour plus de 20 numéros, nous consulter.

Théâtre :	France et CEE : + 1,83 € pour un numéro (+ 0,91 € par numéro supplémentaire).
	Étranger : + 2,59 € pour un numéro (+ 1,52 € par numéro supplémentaire).
Musique, Ballet/Danse :	France et CEE : + 2,13 € pour un numéro (+ 1,22 € par numéro supplémentaire).
	Étranger : + 2,59 € pour un numéro (+ 1,52 € par numéro supplémentaire).

Toute commande ne sera servie qu'après réception du règlement correspondant.
Note aux libraires : toute commande de moins de 30,49 € doit être réglée d'avance.

Bon de commande

à retourner accompagné de votre règlement à :

L'avant-scène théâtre – 6, rue Gît-le-Cœur, 75006 Paris – CCP 735300 V Paris

Nom : Prénom :

Adresse : ....

.... Code postal : ....

Ville : .... Pays : ....

❒ Je commande les ouvrages suivants au prix du catalogue (choisir 3 numéros « bis » au cas où certains de ces titres seraient épuisés).

❒ Je souhaite bénéficier de l'offre spéciale « Nouveaux abonnés » : remise spéciale de 25 % (imputables à la première commande) sur tous les titres du catalogue (choisir 3 numéros « bis » au cas où certains titres seraient épuisés).

Numéros :

Numéros « bis » :

Je joins la somme de (tarifs ci-dessus) :

Numéros à prix fort : ....€

Numéros à -25 % : ....€

+ frais de port : ....€

TOTAL : ....€

Pour les étudiants (France uniquement), une remise de 20 % est accordée sur les tarifs indiqués ci-dessus sur présentation de leur carte, et de 10 % sur la vente au numéro.

L'avant-scène théâtre